Portraits du Blues

Portraits du Blues

Darrell Arnold

portraits par

Irena Gapkovska

Haley's

Athol, Massachusetts

Haley's
488 South Main Street
Athol, MA 01331 USA
marcia2gagliardi@gmail.com • +1.978.249.9400

Texte anglais: Darrell Arnold.
Traduction française: Céline Marcadon.
Révision française : Sally Howe.
Illustration de couverture : Irena Gapkovska.
ISBN Édition brochée française : 978-1-956055-40-5
ISBN Édition reliée française : 978-1-956055-41-2
ISBN PDF avec filigrane : 978-1-956055-42-9
Library of Congress Control Number: en instance

« Portraits du Blues » accompagne l'album Arco Records, « Portraits of the Blues » de Darrell Arnold
Disponible à l'achat via www.arcorecords.org et via www.darrellarnold.com

« Sans musique, la vie serait une erreur. »

—Friedrich Nietzsche

Ce livre est dédié aux musiciens et aux artistes qui composent, jouent, et créent des œuvres qu'ils aiment, même s'ils n'en retirent souvent que peu de reconnaissance. Ils donnent un sens à la vie. Et comme le démontrent les parcours des artistes de country blues, parfois, les modestes répercussions de leur travail passionné acquièrent une force qui dépasse toutes les espérances.

Table des Matières

Prologue

Prologue

Ma première rencontre directe avec le Blues s'est produite bien après que j'aie commencé à aimer ses héritiers musicaux : la soul, le rythm'n'Blues, et le rock'n'roll. Je suis né à North Platte, dans le Nebraska, une petite ville parfois connue de ceux qui s'y sont arrêtés lors de leur voyage le long de l'Interstate 80, dans le centre du Nebraska. Elle abrite le Wild West Ranch de Buffalo Bill, l'endroit où Bill Cody a vécu pendant environ 20 ans de sa vie et à partir duquel il a lancé son Wild West Show. Mes parents avaient grandi dans des fermes du centre du Nebraska, à environ 80 miles de là. Mon père était fan de Hank Williams, Gene Autry, Johnny Cash. Il préférait la country « vieille école » à la country d'alors. Il chantait un peu dans la maison, il sifflait et en de rares occasions, je l'entendais yodler. Ma mère jouait du piano et chantait. Ses frères étaient d'anciens musiciens, jouant des danses de granges dans les petites villes du centre du Nebraska—Sumner, Eddyville, et Miller—des chansons comme « Red River Valley ». L'un des oncles était un excellent saxophoniste qui a eu la chance de rejoindre l'orchestre de Tommy Dorsey. Mais il avait dix enfants et un sens catholique des responsabilités familiales. Il jouait donc de la musique comme un passe-temps. La famille des deux côtés était composée de gens de la campagne, issus de longues lignées de paysans d'Irlande, d'Écosse , et d'Angleterre. J'ai hérité de certains de leurs goûts, ayant grandi dans une grande famille de neuf frères et sœurs dans une ville assez développée. À Flatrock, comme on appelle affectueusement notre ville natale, grâce à mes frères et sœurs plus âgés, j'ai d'abord entendu la musique influencée par le Blues d'Eric Clapton, J.J. Cale, et George Thorogood.

Lorsque j'étais étudiant diplômé à Saint-Louis dans les années 1980 et au début des années 1990 j'ai entendu pour la première fois le country Blues. Là, j'ai commencé à aller régulièrement aux spectacles de Tom Hall, un musicien de country Blues local qui jouait régulièrement dans les bars des quartiers riverains de Saint-Louis. Avec l'un de mes amis qui avait grandi avec l'avantage d'entendre des stations de radio comme WNYC à New York, je m'y suis rendu chaque semaine pour écouter les émissions de Tom. L'expérience a planté sa graine : je voulais apprendre la musique de Mississippi John Hurt, Robert Johnson, Tommy Johnson, la musique que Tom Hall maîtrisait si bien. Ma formation musicale plus sérieuse sur le Blues a donc commencé avec un traditionaliste du Blues blanc du Missouri. L'histoire dépeint certains des rebondissements que cette musique des années 1920 et 1930 a pris depuis ses lieux d'origine dans le delta du Mississippi et au Texas. Alors que j'étais encore à Saint-Louis dans les années 1980, j'ai appris quelques chansons de country Blues, mais j'ai continué à poursuivre d'autres intérêts musicaux, dans l'espoir toujours de trouver le temps de me consacrer au country Blues traditionnel. La pandémie de Covid m'a donné l'opportunité d'enfin m'y mettre : d'apprendre à la fois la musique que j'aimais et d'en savoir plus sur la vie de ceux qui l'ont produite. Ce livre et l'album qui l'accompagne sont nés de cette expérience.

Le disque accompagnant ce livre a été réalisé grâce aux encouragements ainsi qu'aux talents de producteur et de musicien de Jack Shawde de Nashville, Tennessee. Il présente des chansons des Bluesmen du Delta et du Texas et une chanson écrite par une femme artiste de Blues. Je parle de chacune des chansons de l'album dans ce livre, ainsi que des artistes célèbres pour les interpréter. Ces chansons et artistes sont :

- « Backwater Blues » by Bessie Smith
- « Love in Vain » by Robert Johnson
- « Big Road Blues » by Tommy Johnson
- « Pay Day » by Mississippi John Hurt
- « Devil Got My Woman » by Skip James
- « Hard Time Killing Floor Blues » by Skip James
- « Catfish Blues » by Robert Petway
- « Shinin' Moon » by Lightnin' Hopkins

Les arrangements des chansons de l'album honorent les enregistrements traditionnels sans les reproduire exactement. Pour ma part, j'ai appris les versions guitare acoustique des chansons. À divers moments, j'ai légèrement modifié les paroles pour mes propres besoins, fidèles à l'esprit des artistes de Blues. J'ai ensuite enregistré le chant et les guitares et envoyé ces versions des chansons à Jack, qui les a illuminées de sa magie dans son studio de Nashville. Jack a fait la plupart des arrangements, m'envoyant des versions à écouter pendant le travail. Il a aussi occasionnellement fait appel aux talents d'autres personnes dans ses cercles musicaux. Nous remercions Diane Ward, Bob Taylor, et Frank Tedesco, qui ont tous contribué à l'album. Nous remercions également Looch des Miami Beach Recording Studios pour l'ingénierie et le mastering du disque.

Dans le livre, je propose de courtes biographies des artistes dont la musique est enregistrée sur l'album, attirant l'attention sur certains des thèmes notamment religieux et politiques qui sont pertinents pour le Blues de ces artistes. C'est un ouvrage qui est présenté à travers mon objectif de philosophe professionnel. En effet, le but de ce livre n'est pas d'offrir un aperçu historique détaillé de la vie de chaque musicien ou un aperçu de la pensée profonde de chacun de ces musiciens—de fournir, si vous voulez, leurs « philosophies de vie » respectives. Je rapporte cependant la vie de ces artistes avec des questions philosophiques comme une base d'information.

Portraits du Blues a été écrit à la suggestion de Don Sarley d'Arco Records à Miami, qui a proposé de l'écrire pour accompagner le disque. Irena Gapkovska, une artiste macédonienne qui vit maintenant entre Perpignan en France et Skopje en Macédoine, a accepté de réaliser des portraits pour le livre qui doit beaucoup à ses œuvres exceptionnelles. Diverses autres personnes ont contribué de manière importante à ce travail. Marty Bussey a copié une première version du manuscrit. Nicholas Thaw a fait de précieuses suggestions sur le développement du projet. Nous devons une gratitude particulière à Sarah Jacob et Rose Gargiulo. Sarah a été une interlocutrice incontournable tout au long du projet. Au cours des quelques années où j'ai travaillé sur ce projet, j'ai discuté de tous les détails avec elle, et elle a lu le manuscrit à chacune de ses étapes, faisant des commentaires inestimables. Le livre ne serait pas tel qu'il est sans son incroyable soutien. Rose Gargiulo d'Imagine Media Concepts a non seulement mis en page et conçu les couvertures du CD et du livre, mais elle a également aidé en tant consultante en édition. Son aide a été énorme.

L'amour du country Blues partagé par ceux qui ont influencé et se sont impliqués dans ce projet atteste une fois de plus du fait que, partant de lieux comme Avalon et Breton, Mississippi, le country Blues a voyagé jusqu'à Saint-Louis, Miami, Nashville, et Perpignan, en France. Le Blues a parcouru maintenant plus d'un siècle et a laissé dans son sillage des passionnés de toutes les nations. Le projet est un hommage à la musique et aux musiciens qui ont créé les chansons originales aimées par ceux d'entre nous impliqués dans cette entreprise. Nous nous sommes retrouvés avec une présentation multimédia unique du Blues.

Nous espérons que vous l'apprécierez !

Introduction

Chapitre 1: Introduction

La musique de Blues est typiquement américaine. Ses racines sont ancrées dans les chants de lamentations noirs, avec ses cris et ses spirituals, fusionnant avec la musique folk blanche du sud. Le Blues est né parmi les Afro-Américains en tant que phénomène transculturel issu des traditions africaines transplantées dans un sol non seulement affecté par les nouveaux styles musicaux, mais aussi marqué par la cruauté pathologique incarnée dans les systèmes d'injustice raciale. Le « Blues » est unique en tant que genre musical dans la mesure où il désigne non seulement un style musical mais aussi un état émotionnel de souffrance. Cette dernière, incarnée dans la musique, exprime à mon avis la douleur universelle de la vie humaine, mais elle est née d'un chagrin particulier, les afflictions des peuples Afro-Américains aux États-Unis.

La preuve avérée de l'origine Afro-Américaine plutôt qu'africaine de cette musique est que le Blues n'émerge dans aucune des autres cultures qui ont asservi les peuples d'Afrique. Cela n'apparaît ni en Haïti, ni en Jamaïque, ni ailleurs dans les Caraïbes. Elle apparaît comme le produit des forces en jeu aux États-Unis. Les Afro-Américains qui ont créé le Blues vivaient aux États-Unis depuis de nombreuses générations. Contrairement à diverses régions des Caraïbes qui ont longtemps poursuivi la traite des esclaves avec l'Afrique, attirant continuellement de nouvelles générations d'Africains sur leurs sols, l'esclavage aux États-Unis est devenu plus profondément intergénérationnel. Et bon nombre des influences culturelles africaines qui sont restées parmi les Africains-Américains ont grandi sous les influences culturelles dominantes des États-Unis.

La musique Blues n'a pas une origine linéaire. Les éléments contribuant à son développement sont les traditions musicales de l'Afrique mélangées aux influences de la musique et des instruments d'Écosse et d'Irlande, l'expérience de l'oppression pendant la période d'esclavage américaine, les efforts ratés de l'ère de la reconstruction et la répression extrême du système Jim Crow du Sud. Nous pouvons nous tourner vers les influences internes à la musique sur la forme. Une certaine musicalité dans le Blues différait suffisamment des formes folkloriques antérieures pour justifier de le qualifier de nouveau genre. Mais la désignation est tout sauf simple. On l'identifie principalement à une forme à 12 ou 16 mesures, avec des notes nostalgiques et glissantes, avec une tendance à avoir deux lignes répétées suivies d'une troisième divergente (le fameux motif A-A-B). Les paroles de Robert Johnson dans « Walkin' Blues » fournissent un exemple bien connu de la forme lyrique standard : « Vous pouvez appeler le Blues comme bon vous semble » (2x), « Mais le Blues n'est rien d'autre qu'une sacrée maladie cardiaque.» Pourtant, alors que la chanson de Johnson et de nombreuses autres chansons de Blues suivent ce modèle lyrique et comportent d'autres éléments caractéristiques du genre Blues, de nombreuses chansons de Blues célèbres ne font pas cela ou ne partagent pas d'autres caractéristiques typiques. Ainsi, même si les éléments internes à la musique sont importants pour décrire le Blues, ils ne constituent pas tous des éléments nécessaires à la désignation du genre. Les chansons présentent plutôt une combinaison de ces caractéristiques. Combien et lesquels sont nécessaires ? Cela s'avère difficile à dire avec précision.

Nous pouvons également nous tourner vers les technologies pour comprendre l'origine du Blues : le type d'instruments qui ont été développés, comme la harpe Blues et la guitare qui ont fini par dominer le Blues des débuts ou les amplis et microphones électriques ultérieurs, qui ont influencé l'orientation de cet art. De même, nous pourrions examiner les exigences de formatage dictées par les technologies d'enregistrement, qui ont entraîné une demande de chansons d'une durée d'environ trois minutes, durée autorisée par les principales technologies d'enregistrement. Cela a été produit au format radio. Ainsi, les chansons de 18 minutes connues des premiers travaux de Charlie Patton sont devenues plus rares, et les chansons de trois minutes comme celles de Robert Johnson sont devenues plus courantes. Les décisions prises par l'industrie musicale dans les années 1920 de produire de la musique destinée à des races particulières ont également été déterminantes. Dans leurs « catalogues de courses », des labels comme Okeh et Paramount commercialisaient le Blues auprès des Afro-Américains. La musique hillbilly, en revanche, était commercialisée auprès des populations rurales blanches. Ces décisions économiques ont contribué à cimenter les demandes et à ériger une barrière plus marquée entre les genres musicaux là où auparavant, du moins pendant un certain temps, il y en avait moins.

Un autre facteur qui a influencé le Blues à devenir ce qu'il est devenu a été l'oppression des « gens du Blues » dont cette musique folk a émergé. Les thèmes du Blues des débuts sont des thèmes d'une importance particulière dans l'Amérique noire, avec un accent sur l'errance, l'une des grandes libertés qui distinguaient la vie des Afro-Américains dans le Sud de la période après la guerre de sucession de leur vie dans la période d'avant. D'autres sujets sont les difficultés économiques, particulièrement aiguës dans la communauté produisant cette musique, et qui sont même devenues plus extrêmes pendant la Dépression. Bien sûr, certains thèmes communs se répercutent également dans la musique rurale blanche : l'amour perdu, la jalousie, l'infidélité, la sensualité, la solitude. Les chansons sur le Blues lui-même sont plus particulières au Blues, ainsi que les références éparses au hoodoo dans un genre musical que beaucoup appellent la « musique du diable ».

Le Blues naît de la combinaison de nombreux facteurs. Il se définit par une forme caractéristique, mais aussi par les thèmes des paroles. Dès ses débuts il est largement identifié aux Noirs américains. Et comme nous l'avons déjà noté, le « Blues » désigne bien plus qu'une forme musicale. Le terme « Blues » ou « diables bleus » décrivait une profonde tristesse depuis le 17ème siècle en Europe. Le terme, utilisé en référence à la musique, évoque cette émotion. Plus que tout autre genre musical, le Blues est associé à l'expression d'une émotion particulière.

Mais la musique Blues n'exprime pas seulement le « Blues » émotionnel : elle devient un moyen de travailler ou d'exorciser ces émotions Bluesy. Les artistes de Blues parlent et chantent continuellement de leur Blues et de leur désir de s'en débarrasser. La musique est vécue par beaucoup de ses musiciens et par son public comme un moyen de résoudre les problèmes de la vie. Le plaisir du Blues devient une sorte de thérapie musicale. Parfois, on pense que le Blues est existentiel et fait partie de l'expérience humaine en général. Parfois, il est identifié comme étant plus spécifique à l'expérience noire américaine de ceux qui sont à l'origine du genre.

Le Blues, quant à lui, est reconnu comme l'une des principales contributions culturelles des Afro-Américains—ou de n'importe qui d'autre—au 20ème siècle. Il a cependant fallu du temps pour obtenir cette reconnaissance. Au début du siècle dernier, les fidèles religieux noirs et blancs des États-Unis la considéraient comme « la musique du diable ». Pour la majorité des intellectuels du début du 20 ème siècle, cette expression artistique était considérée comme trop primitive pour mériter notre attention. Même les intellectuels noirs de la classe moyenne du début du 20ème siècle pensaient généralement qu'il était trop grossier et brut pour remplir le rôle politique que beaucoup de ces intellectuels imaginaient que le grand art Afro-Américain devrait remplir : amener l'Amérique blanche à voir l'humanité de sa population minoritaire racialement opprimée.

Néanmoins, le Blues est passé de la sous-culture noire du pays et des étiquettes raciales originales des années 1920 à la culture américaine dominante, d'une manière que les intellectuels de l'époque n'avaient pas anticipée. Le country

Blues a ensuite influencé le Blues électrique urbain, le rythme et le Blues, la soul et la musique rock. Les versions country ont également été « redécouvertes » lors du renouveau du Blues des années 1960, où la musique a acquis une importance politique dans ce mouvement, car de nombreux aficionados l'ont adoptée en partie comme une prise de position contre la tradition du racisme si répandue, une forte tendance cachée dans la société américaine. Bien que le Blues n'ait pas souvent de message politique explicite, il est néanmoins devenu une musique politique, démontrant que le sens d'une forme d'art n'est pas limité par les intentions de ses créateurs.

Le Blues fait désormais partie de notre héritage culturel universel. Dans ce livre, j'honore cet héritage, en proposant des portraits d'artistes qui ont influencé ma récente incursion dans la musique country Blues et qui figurent sur mon album. *Portraits du Blues* est écrit pour accompagner cet album. Dans le livre, je mélange des aperçus biographiques des artistes présentés sur le disque avec des allusions à des thèmes philosophiques et socioculturels pertinents pour la vie et le travail des artistes ainsi que pour la réception plus large du Blues.

Les portraits qui suivent parlent du contexte d'origine de la musique de ces artistes. Les thèmes typiques des portraits biographiques incluent les opinions religieuses des artistes, ou bien représentées dans les chansons qu'ils ont écrites ou interprétées. Parfois, le livre met en avant des positions politiques. De temps en temps, la question se pose : qu'est-ce que le Blues ?

Note de Fin

[1] Tiré de la version de Robert Johnson de « Walkin' Blues », Vocalion, 1936. Dans cette version, Johnson ajoute des paroles différentes de la version originale de la chanson de Son House de 1930.

Bessie Smith

Chapitre 2: Bessie Smith

(vers le 15 avril 1894 - 26 septembre 1937)

Le 26 septembre, 1937, sur le trajet de Memphis à Clarksdale, Mississippi, sur l'autoroute 61, Bessie Smith a eu un horrible accident de voiture qui a entraîné des blessures mortelles. «L' Impératrice du Blues », comme on l'appelait, a rencontré la mort près du lieu de naissance de Son House, dans une région qui allait plus que tout être identifiée comme le berceau du Blues.

À la lumière de la mort de Smith, John Hammond, le célèbre producteur de disques et publiciste, qui avait produit le dernier album de Smith et qui produisait son célèbre « From Spiritual to Swing Concert » au Carnegie Hall, a dédié le concert en son honneur. Hammond est devenu célèbre au début de sa carrière pour avoir produit des artistes noirs, de Bessie Smith à Billie Holiday, et il a contribué à convaincre Bennie Goodman de jouer et d'enregistrer avec des groupes intégrés racialement. Selon lui, attirer l'attention sur la musique noire américaine était un moyen essentiel de contribuer à vaincre le racisme américain. Comme il l'a dit : « Faire reconnaître la suprématie des Noirs dans le jazz [et nous pouvons ajouter, dans d'autres musiques américaines] était la forme de protestation sociale la plus efficace et la plus constructive à laquelle je pouvais penser. »[1] Le concert du Carnegie Hall présentait non seulement la musique des légendes du jazz, mais aussi celles de Son House, Lead Belly et d'autres stars du country Blues. Il a également mis en lumière les enregistrements phonographiques de Robert Johnson, que Hammond avait espéré obtenir pour le spectacle mais qui est décédé peu de temps avant la représentation.

Hammond a raconté l'histoire de la mort de Bessie Smith lors du concert du Carnegie Hall pour souligner l'injustice raciale dans le pays en espérant que l'attention portée au Blues et au jazz pourrait y remédier. Comme l'a dit Hammond :

> Nous dédions le programme à Bessie Smith, qui incarne la grandeur et la chaleur de la musique noire. Bessie Smith a été grièvement blessée dans un accident de voiture en Virginie il y a quatorze mois. Transportée à l'hôpital, elle s'est vu refuser l'admission parce qu'elle était noire. Avant qu'elle ne puisse être transportée à l'hôpital approprié, elle était morte. Dans cette histoire, vous avez un exemple des cruautés que les musiciens noirs partagent avec leurs quatorze millions de frères en Amérique.[2]

L'histoire était troublante, triste, sans surprise, mais elle était également fausse, à de nombreux égards. Smith était morte dans le Mississippi, pas en Virginie. Plus important encore, elle n'a pas été refoulée d'un hôpital en raison de sa race. Smith a été admise dans le premier hôpital où elle est arrivée, mais il n'y avait rien à faire. Elle est décédée des suites de ses blessures subies lors de l'accident de voiture survenu tard dans la nuit. Néanmoins, le mythe de cette injustice s'est répandu. Compte tenu de l'histoire et de l'omniprésence du racisme, c'était tout simplement fort crédible, même si c'était faux.

Bessie Smith était l'artiste de Blues la plus reconnue des années 1920. L'histoire de la cause de sa mort, bien qu'elle soit un mensonge, contenait la vérité incarnée du mythe : ce qui rendait le récit convaincant pour un conteur comme Hammond, c'était que Smith avait vécu une période de haine raciale extrême. Elle n'etait peut-être pas morte à cause de cette injustice, mais cela aurait facilement pu lui arriver. Et la musique qu'elle a offerte au monde raconte des expériences vécues en grande partie à partir de conditions de vie terriblement marquées par des cruautés que Smith et beaucoup de ceux qui ont écrit des chansons avec elle ont endurées sous les lois Jim Crow. Cette expérience avait recréé une situation courante pour les Noirs américains qui vivaient ce genre de drames similaires au récit de Hammond.

L'œuvre de Smith a en partie trouvé un écho auprès de ses fans car elle a donné une voix aux luttes et à la douleur quotidiennes de nombreux Afro-Américains du sud, dans le contexte de la législation et de la philosophie de Jim Crow. Dans ce contexte, la vie et la musique de Smith ont pris des dimensions politiques, même dans les cas où cela ne faisait peut-être pas partie de son intention. Au cours de sa vaste carrière, Smith a chanté et écrit de nombreuses chansons explicitement politiques. Cependant, la plupart de sa musique n'abordait pas directement la politique. Néanmoins, en exprimant les sensibilités, les épreuves et les tribulations de sa communauté, la musique de Smith a servi les objectifs du développement communautaire. C'était donc politique au sens large, comme l'appréciaient les spécialistes contemporains des études Afro-Américaines comme Angela Davis ou Cornel West, et comme l'appréciait son ancien producteur, Hammond, plus que la plupart des contemporains de Smith.

La plupart des intellectuels noirs de l'époque de Smith sous-estimaient son importance politique. Cela est particulièrement vrai pour ceux qui sont associés au mouvement intellectuel Afro-Américain le plus important du début du XXe siècle, le mouvement Harlem Renaissance. Ces penseurs avaient également tendance à sous-estimer les musiciens de country Blues, mis en avant dans ce livre.

Les penseurs les plus importants de la vieille garde de ce mouvement étaient W.E.B. Du Bois et Alain Locke. [2] Du Bois a été le premier Afro-Américain à recevoir un doctorat de Harvard. Locke a été le premier Noir américain à recevoir une bourse Rhodes. Tous deux sont devenus des éducateurs influents pour des générations d'Afro-Américains, Du Bois en tant que professeur à l'Université d'Atlanta et l'un des fondateurs de la NAACP, Locke en tant que professeur à l'Université Howard. Les deux penseurs ont souligné très tôt que l'art Afro-Américain pouvait être exploité politiquement. En effet, ils ont développé des idées comme celles que Hammond a finalement adoptées, affirmant que la contribution noire à la culture américaine et mondiale avait le potentiel d'amener les Américains à réviser leurs visions déformées de l'infériorité des Afro-Américains. Les deux penseurs pensaient avec optimisme que les Américains blancs exposés à la virtuosité des créations artistiques noires réviseraient leurs fausses notions racistes et reconnaîtraient la dignité des Noirs américains.

Cependant, contrairement à Hammond, Du Bois et Locke avaient tendance à mettre en avant le grand art. Les deux penseurs affirmaient que les artistes noirs pouvaient créer un art comparable aux plus grands arts d'Europe. Locke, plus que Du Bois, a souligné que les Afro-Américains devraient sonder les profondeurs de leur héritage spécifique pour créer un art d'attrait universel. Mais le grand art était au centre des préoccupations des deux hommes. Même si, plus tard dans sa vie, Locke est devenu plus sensible au Blues en tant qu'expression culturelle Afro-Américaine unique, il est resté quelque peu retenu dans son soutien. Locke a plaidé en faveur de l'art Afro-Américain, en s'appuyant sur les particularités de l'expérience Afro-Américaine, qui « équilibrait l'excellence et la conscience sociale ».[4] Mais il semblait subsister une préoccupation selon laquelle le Blues remettait en cause trop directement des éléments importants du système moral dominant.

Cette préoccupation était encore plus forte chez Du Bois. Du Bois a incorporé le but de l'art à celui de la politique. Comme il l'a dit tristement : «Tout art est de la propagande ».[5] Conformément à son fonctionnalisme politique, il a souligné la nécessité pour les artistes noirs de mener une vie morale irréprochable, puisque l'exemple de ces artistes influencerait l'opinion publique de tous les Noirs américains. La musique de Smith, torride et prolixe, ne projetait pas l'image de l'Amérique noire que Du Bois pensait nécessaire pour faciliter le changement politique.

Elain Feinstein, l'un des biographes de Smith, note un point de vue conforme à celui de Du Bois que la plupart des intellectuels de la Renaissance de Harlem auraient appliqué à Smith et plus généralement aux artistes de country Blues : « Les noirs qui réussissaient n'aimaient pas Bessie, parce qu'ils avaient l'impression que son comportement mettait en danger leur propre image d'eux-mêmes. »[6] Tout comme, par la suite, le comportement des artistes de country Blues incarnait trop l'attitude stéréotypée largement répandue que les Blancs attribuaient aux Noirs.

Néanmoins, d'une manière trop peu appréciée par la vieille garde de la Harlem Renaissance, la musique de Smith, comme celle des artistes de country Blues évoqués plus loin dans ce livre, procurait un sentiment de fierté et un sentiment d'appartenance à ceux qui entendaient leurs propres préoccupations exprimées dans cette musique. En trouvant une voix si expressive pour certaines de leurs propres réalités, beaucoup en sont venus à sentir leur propre identité et valeur affirmées. La voix de Smith, comme celle des joueurs de country Blues, leur donnait une voix dans un sens important. De cette manière, la musique de Smith et la musique des artistes de country Blues ont pris une signification politique alors même que ce n'était pas véritablement leur objectif.

Smith est née à Chattanooga, Tennessee, probablement le 15 avril 1894, date indiquée sur sa demande de mariage. Mais comme c'est le cas pour tant d'Américains noirs du Sud de son époque, les archives ne sont pas entièrement fiables. Bessie avait neuf ans lorsque ses deux parents sont décédés. Elle a ensuite été élevée par sa sœur aînée, Viola.[7] Enfant, elle jouait au coin des rues avec son frère aîné, Clarence. Mais en 1912, elle fut embauchée par la compagnie Moses Stokes où Clarence avait commencé à travailler comme comédien et maître de cérémonie en 1910 ou 1911 et où Bessie a rencontré

Ma Rainey. On ne sait pas combien de temps Bessie est restée dans cette compagnie où elle a d'abord été embauchée comme danseuse. Cependant, Thomas A. Dorsey raconte que dans le monde des minstrels, Bessie était « déjà une star à part entière » vers 1913 ou 1914.[8]

Bien que les histoires soient répandues sur la tutelle de Bessie sous Ma Rainey, Rainey n'a pas appris à Bessie à chanter. Elle a cependant servi de modèle à une chanteuse et artiste de Blues à succès, et les deux femmes ont développé une amitié professionnelle. Le biographe de Bessie, Chris Albertson, raconte le plus grand des mythes, dont les deux stars ont partagé au moins une occasion de rire, à savoir que Rainey avait en fait kidnappé la jeune Bessie et l'avait forcée à jouer dans le cadre du spectacle de minstrels d'elle et son mari.[9] L'histoire était absurde. De toute façon, Bessie n'avait certainement pas eu besoin d'être kidnappée. Elle avait envie de travailler sur scène depuis qu'elle était enfant.

Le circuit des spectacles d'artistes de scène a servi de terrain d'entraînement à Smith comme aux autres premières divas du Blues. C'est là qu'elle a pu développer ses compétences d'artiste et de chanteuse. Le Blues de Rainey a servi de modèle à Smith. Ça constituait un lien avec la tradition du Blues cultivée par des guitaristes solitaires au coin des rues et dans les gares du Sud.[10] Le circuit des minstrels était également une voie vers une carrière plus lucrative pour une jeune femme talentueuse. À ses débuts dans le spectacle de minstrels, Smith gagnait dix dollars par semaine (environ 320 dollars en monnaie de 2024), mais il a été dit que les machinistes recevaient également régulièrement trois ou quatre dollars de pourboires pour elle qui étaient jetés sur scène lors de ses représentations. (environ 100 à 125 dollars en 2024). C'est considérablement plus que ce qu'elle aurait autrement gagné lorsqu'elle était adolescente; et elle acquérait les compétences nécessaires à sa réussite économique ultérieure.[11] Les performances de Smith tout au long de sa vie ont toujours porté la marque de sa première formation en spectacle de minstrel. Même la puissance féroce de sa voix témoigne des racines de son art dans ce décor de spectacle, où il n'y avait pas de microphones.

Bien qu'elle ait perfectionné son art sur le circuit des minstrels, c'est l'avènement de l'intérêt porté aux chanteuses de Blues par l'industrie du disque qui a provoqué l'apogée de Smith. On avait enregistré de la musique vocale populaire d'artistes blancs dans les années 1910, mais Mamie Smith a été la première chanteuse de vaudeville noire à enregistrer une chanson de Blues vocal. Son enregistrement de « Crazy Blues » en 1920 s'est vendu à 75 000 exemplaires dès le premier mois suivant son enregistrement. C'était important, tout comme les numéros de Blues antérieurs comme le « St Louis Blues » de W.C. Handy, qui a commencé à définir le genre Blues.[12] Une autre conséquence du succès de la chanson est qu'elle a renforcé la décision de nombreux autres labels de proposer des catalogues de musique noire et leur recherche concomitante de nouvelles stars noires, en particulier féminines. En 1923, Bessie a pu pour la première fois enregistrer, interprétant une chanson pour Columbia Records. Sa version de « Down Hearted Blues

» s'est vendue à 780 000 exemplaires dans les six mois suivant sa sortie.[13] Sa carrière d'enregistrements était lancée.

Au début de cette période, malgré son succès dans les spectacles sous tente itinérants, les sudistes étaient généralement réticents à l'inviter dans les théâtres grand public. Dans le Nord, elle était massivement inscrite dans des salles noires.[14]

Une partie des réserves concernant Smith était liée à son personnage de débauche sur scène et à sa personnalité de débauche. Dans ses chansons et sa vie, elle incarne le stéréotype d'une chanteuse de Blues. Selon les mots de Chris Albertson, elle incarnait l'archétype du Blues « comme une grosse maman qui buvait beaucoup, se battait comme un chien et chantait comme un ange ».[15] Les mêmes caractéristiques qui ont gagné ses fans et des éloges ont également suscité le scepticisme, voire le mépris, de la part de nombreux fidèles Afro-Américains et des intellectuels Afro-Américains de la côte Est.

Black Swan Records, un label appartenant à des noirs, lui a refusé un contrat d'enregistrement. Le label, qui n'a existé que de 1921 à 1923, a été fondé par un ancien élève de Du Bois, Harry Price, dans le but précis de créer une musique qui mettrait en valeur le génie des artistes Afro-Américains. L'un des objectifs du label était de produire une musique qui allait au-delà des stéréotypes Afro-Américains. Ainsi, par exemple, il a produit des enregistrements classiques de la soprano Revella Hughes. Pourtant, il produisait également du Blues, et leur plus grande star du disque était Ethel Waters.

Refuser Smith était bien sûr une folie commerciale. Mais Black Swan trouvait les manières de Smith trop vulgaires et grossières. Pour Price, à l'instar des intellectuels noirs de la vieille garde de la Renaissance de Harlem qui l'ont inspiré, Smith incarnait trop la dégradation morale et les stéréotypes noirs traditionnels qu'ils voulaient que les artistes noirs surmontent.[16]

Le premier tube de Smith, « Down Hearted Blues », était torride. Son attitude sûre d'elle et sa libération sexuelle sont politiquement rafraîchissantes pour beaucoup aujourd'hui, mais elles ont été appréciées avec moins d'ouverture—voire pas du tout—trois ans après que les femmes ont obtenu le droit de vote aux États-Unis. Les insinuations sexuelles dans cette œuvre étaient flagrantes : « J'ai le monde dans une cruche, le bouchon est dans ma main (2x), je vais le tenir jusqu'à ce que tu passes sous mon contrôle. » [17] D'autres succès, comme « Need a Little Sugar in My Bowl », étaient tout aussi provocateurs.[18] La rime du refrain de cette chanson était : « Besoin d'un petit hot-dog entre mes rouleaux. » De telles analogies étaient en fait trop directes pour être appréciées plus qu'en privé à une époque de pruderie morale généralisée.

Pour une grande partie de la classe moyenne noire, les problèmes ne concernaient pas uniquement le personnage scénique de Smith. Elle respirait également la grossièreté du Blues dans la façon dont elle vivait sa vie : elle buvait de l'alcool de maïs et était connue pour sortir la monnaie de sa robe pouvant aller jusqu'à mille dollars, qu'elle emportait avec elle. Elle a eu de nombreuses disputes avec des femmes, se battant plus d'une fois avec son amie de longue date, Ruby Walker. Elle se battait également avec les hommes et incarnait la ténacité pugnace. En 1925, elle a été poignardée par un homme après un concert, mais elle a quand même poursuivi son agresseur dans la rue sur trois pâtés de maisons avec le couteau planté dans sa côte avant de s'effondrer. Comme le note Albert, même si l'agression a eu lieu à quatre heures du matin, elle était quand même présente à son concert de l'après-midi.[19] Y a-t-il quelque chose qui exprime mieux l'esprit stéréotypé du Blues ?

Bien que Smith incarne une image du Blues qui a contribué à sa mauvaise réputation auprès des fidèles, sa propre attitude envers la religion était tout sauf hostile. Malgré la rudesse et la dureté de Smith, elle n'a pas évité la religion traditionnelle, comme l'imaginaient ceux qui considéraient le Blues comme la musique du diable. Elle exprime plutôt un rapport à la religion un peu plus compliqué. Comme le note Albertson, il y a eu des moments où Smith « a fait face à des moments difficiles avec l'alcool fort et l'espoir »,[20] a chanté des chansons sur le diable et adhér› pleinement à ce que beaucoup considéraient comme blasphématoire. Néanmoins, tout au long de sa vie, elle a également exprimé une sensibilité religieuse. Comme Maud Smith, la veuve de son frère Clarence, l'a raconté : « Dans chaque ville où nous entrions, si nous arrivions assez tôt un dimanche matin, nous allions tous à l'église. » [21] Maud a également raconté que « Bessie pouvait chanter certains des plus beaux hymnes d'église, et elle le faisait souvent à la maison ». Son batteur occasionnel Zutty Singleton a également souligné la spiritualité de Smith : « Elle était très proche de Dieu, très croyante. »

Le style de ses performances en scène partageait également de grandes similitudes avec la musique d'église. Comme Singleton l'a également rappelé : « Elle mentionnait toujours le nom du Seigneur. C'est pourquoi son Blues ressemblait presque à des hymnes.[22] Divers commentateurs, comme le guitariste Danny Barker, ont également noté une ressemblance entre sa musique et la musique religieuse. Cependant Barker a également souligné sa capacité, à l'instar des meilleurs prédicateurs, à garder les gens en haleine : « Vous reconnaîtriez une similitude entre ce qu'elle faisait et ce que faisaient ces prédicateurs et évangélistes de là-bas, et comment ils touchaient les gens. Bessie a fait la même chose sur scène. Dans un sens, elle ressemblait à des gens comme Billy Graham aujourd'hui. Bessie était en phase avec ces gens. Elle pouvait déclencher une hypnose de groupe. » [23]

Sur le plan thématique, le répertoire de Smith couvrait un large éventail de sujets. Même si elle incarnait bon nombre des idéaux du Blues et que l'on puisse dire qu'elle chantait par expérience, elle était une artiste de spectacle, adoptant de multiples attitudes sur un sujet et assumant des rôles. Chanter sur une scène particulière ne signifiait pas qu'elle était d'accord avec le lieu. En effet, dans ses chansons, elle assumait le point de vue de trop de personnalités diverses et contradictoires pour que ce soit le cas.

Elle chantait la violence conjugale, les liaisons, les meurtres, les femmes quittant leurs hommes et traçant la route. Smith a vécu avec autant de courage et de brutalité que la plupart des personnages de ses chansons. Dans son livre remarquable, *Héritage du Blues et féminisme noir : Gertrude « Ma » Rainey, Bessie Smith et Billie Holiday,* Angela Davis met en avant les éléments politiques des chanteuses de Blues en mettant l'accent sur Smith. L'une des clés pour comprendre la politique de Smith, ainsi que celle de Rainey et de quelques autres chanteuses de Blues, est de comprendre comment leur musique a créé une communauté. Elle remplissait cette fonction surtout chez les femmes noires, en exprimant souvent un traumatisme partagé. Pour ces femmes du Blues, le personnel était politique; et le personnel était lié à la communauté. Utilisant le genre, de nombreuses artistes féminines de Blues se servent des chansons pour créer une communauté. Le début de « I Used to Be Your Sweet Mama » en est un bon exemple. Alors que Smith commence la chanson, elle évoque une communauté de femmes : « Vous toutes, les femmes, vous comprenez ce que c'est que d'être amoureuse d'un homme infidèle. » [24]

Smith interpelle la communauté de femmes à qui elle chante à propos d'un sort familier. L'histoire continue comme une chanson de conseils standard. Elle ne tolérera pas passivement l'infidélité de son homme. Au lieu de ça, elle chante le temps d'autrefois où elle était tendre et douce, puis parce qu'il « s'est montré infidèle », elle est désormais « méchante » et haineuse. L'héroïne de cette chanson fait tout sauf accepter passivement sa situation.

Les femmes représentées par Smith ne sont pas des sujets passifs traditionnels, mais des protagonistes actives, saisissant à bras le corps leur propre destin. Elles sont à la fois sexuellement et physiquement agressives, et leurs histoires expriment de nombreux thèmes communs aux femmes qui étaient fans de Smith.

Smith chante quelques chansons sur des thèmes sociaux plus clairs. Les exemples incluent « Working Women Blues » sur les mauvaises conditions de travail des femmes noires et « Poor Man's Blues » sur les questions générales de disparité économique. Son « Backwater Blues », présenté sur l'album qui'accompagne ce livre, met en lumière un autre problème social : la façon dont les inondations dévastatrices du Delta des années 1920 et 1930 ont emporté la vie de nombreuses personnes qui vivaient déjà dans la précarité. Smith a décidé d'écrire sa chanson au printemps 1927 après une expérience en dehors d'une ville du sud de l'Ohio. Alors que Smith se rendait à un concert, son train a dû être arrêté. Les voies ferrées avaient été recouvertes par l'eau suite à une inondation et le groupe a dû être emmené au concert en barque. Lorsque le public lui a demandé de jouer un Blues sur le déluge, elle a regretté de leur répondre qu'elle ne pouvait pas parce qu'elle n'en connaissait pas. Mais après le concert, elle est rentrée chez elle et a écrit « Backwater Blues ».[25] La publication de la chanson a eu lieu avec l'inondation cataclysmique du delta du Mississippi en 1927, un événement horrible, mais qui a considérablement stimulé les ventes de son disque. Comme Smith le chante dans cette chanson :

Après la pluie pendant cinq jours d'affilée
Et le ciel qui devient sombre comme la nuit (2x)

Alors les ennuis surviennent
Dans les plaines, la nuit.

Je me suis réveillée ce matin,
Je ne pouvais même pas sortir de chez moi (2x)
On avait déjà assez de tracas
Pour qu'une pauvre fille doive se demander où aller

Ils sont venus en barque à la rame
Environ cinq miles, pour traverser l'étang (2x)
J'ai emballé tous mes vêtements,
Je les ai jetés dedans et on est parti

Quand le ciel gronde et qu'il y a des éclairs
Et que le vent commence à souffler (2x)
Il y a des milliers de personnes
Qui n'ont nulle part où aller

Je suis montée et suis restée debout
Sur une vieille colline solitaire (2x)
Et d'en haut j'ai regardé
La maison où je vivais autrefois.

Back Water Blues
M'a forcée à emballer mes affaires et à fuir (2x)
Parce que ma maison s'est effondrée,
Et que je n'ai plus d'endroit où vivre.

Pour ceux dont la vie était déjà en marge, les inondations et autres événements inattendus les ont plongés dans un dénuement absolu. Les inondations de 1927 qui ont coïncidé avec la sortie de la chanson par Smith ont fait perdre leurs maisons à plus de 600.000 personnes, certaines estimations pouvant atteindre 930.000.[26] Le Conseil national de sécurité estime qu'un millier de personnes sont mortes dans le delta du Yazoo-Mississippi.[27] Davis fournit un contexte détaillé pour comprendre l'impact qu'aurait eu la chanson.

Même si les inondations semblaient être des catastrophes naturelles, les communautés noires recevaient souvent un débordement d'eau pour alléger la pression exercée sur les systèmes de digues. Ces communautés Afro-Américaines vivaient également dans des conditions de vie et d'emploi précaires, ce qui signifiait que de tels actes leur faisaient payer des conséquences plus lourdes que sur d'autres (comme c'est malheureusement encore le cas de tels événements). Lors des inondations de 1927, l'aide gouvernementale a effectivement été versée aux familles blanches, mais les Noirs américains ont été contraints de payer pour la nourriture et d'autres produits de première nécessité. Cela a contraint beaucoup de gens à contracter des emprunts auprès des propriétaires de plantations, se retrouvant à nouveau endettés ou davantage endettés.[28]

Comme le dit Davis : « Will Percy, le responsable du programme d'aide alimentaire à Greenville, dans le Mississippi, a annoncé qu'aucun nègre valide n'a le droit d'être nourri à moins d'être étiqueté comme ouvrier ». [29] Des restrictions similaires s'appliquaient aux femmes et aux enfants. Davis cite dans le rapport :

> Aucune ration ne sera distribuée aux femmes et aux enfants noirs de Greenville à moins qu'il n'y ait aucun

> homme dans la famille, ce qui doit être certifié par une personne blanche.
>
> Aucun homme noir de Greenville ni leurs familles ne seront rationnés à moins que les hommes ne rejoignent un groupe de travail ou ne soient employés.
>
> Les hommes noirs qui perçoivent un salaire plus élevé que 1 dollar par jour n'ont pas droit au rationnement. [30]

La chanson de Smith n'est pas un appel explicite à l'action politique. Pourtant, elle relate clairement une situation comprise à l'époque comme pesant particulièrement sur les habitants noirs du Delta. Il était généralement admis que certains souffraient plus que d'autres de ces catastrophes naturelles et, comme c'était souvent le cas, la surveillance policière des activités de la communauté Afro-Américaine était accrue pendant ces périodes de crise.

L'évaluation de Davis est la suivante : « Des chansons comme « Backwater Blues » sont bien plus importantes que l'histoire populaire à laquelle elles sont souvent reléguées. Transformant les émotions individuelles en réponses collectives à l'adversité, elles transcendent les circonstances particulières qui les ont inspirées et deviennent des métaphores de l'oppression. » [31]

Alors qu'au début des années 1920, les labels raciaux avaient déjà commencé à produire de la musique d'origine country et que parmi les archivistes et les intellectuels, il y avait une tentative de trouver les véritables racines de la musique Blues chez les musiciens de country Blues, Smith a eu à cette époque une carrière d'enregistrements remarquable en tant que chanteuse de Blues. Columbia l'avait présentée comme la « reine du Blues ». Elle en devient l'impératrice. Sans compter les rééditions ultérieures, Smith aurait vendu entre six et dix millions de disques au moment où elle a mis fin à sa carrière d'enregistrements.[32] À son époque, elle était la plus grande star du Blues américain.

Smith a apporté l'une des contributions les plus importantes de tous les artistes du début du XXe siècle à la culture américaine. Tout au long de l'histoire, son talent artistique a réalisé une bonne partie de ce que les principaux esthètes Afro-Américains de la Renaissance de Harlem, comme Du Bois et Locke, pensaient que le grand art Afro-Américain devrait faire. Carl Van Vechten, un écrivain influent du *New York Times*, qui a beaucoup fait pour promouvoir la musique Blues, avait écrit à propos d'une performance de 1926 : Smith « chante le Blues tel qu'il est compris et admiré par les foules de couleur ». [33] Même si les chansons qui plaisaient aux foules ne projetaient pas l'image que les intellectuels noirs pensaient nécessaire, elles ont finalement eu d'énormes effets culturels et même politiques.

Les amateurs de Blues ultérieurs, en particulier ceux qui recherchaient les racines de la musique dans des sonorités country, ont classé le « vaudeville Blues » de Smith comme une émanation d'une expression plus authentique du genre. Mais ses racines dans le minstrel show la placent carrément à l'origine du genre. Son attitude « Bluesy » incarne également le stéréotype commun du genre ainsi que celui de n'importe qui. Les musiciens de Blues de toutes sortes ont également continué à revenir à sa musique, même s'ils l'ont réarrangée dans leurs propres styles, moins vaudeville. Lightnin' Hopkins, l'un des premiers pionniers du Blues électrique qui est également devenu une figure majeure du revival du country Blues des années 1960, a enregistré de nombreuses chansons de Smith. Parmi ceux-ci se trouve le « Backwater Blues », qu'il a rebaptisé « That Mean Old Twister ». Hopkins a arrangé la chanson pour guitare et a ajouté de nombreuses paroles. La guitare rythmique présente sur l'enregistrement de cette chanson sur l'album accompagnant ce livre est redevable à l'arrangement de Hopkins.

Billie Holiday a cité l'influence de Smith et a enregistré « Tain't Nobody's Business if I Do », une chanson rendue populaire par Smith. Les enregistrements de 1958 « Dinah Washington Sings Bessie Smith » et « LaVene Baker Sings Bessie Smith » illustrent la résonance durable de sa musique pour cette génération. Maureen Mahon souligne également que dans les années 1940, Mama Thornton était présentée comme « la petite sœur de Bessie Smith ». La voix et la musique de Thornton à la Smith ont influencé Janis Joplin, qui a enregistré une version de « Ball and Chain » de Thornton, et même Elvis, qui a enregistré « Hound Dog » de Thorton.[34]

Le Blues était déjà en route lorsque Smith est décédée. Après l'essor des divas du Blues, les maisons de disques et les archivistes essayant de préserver la musique folk américaine ont commencé à rechercher les racines du genre Blues. Ils se sont tournés vers des musiciens de country Blues connus au coin des rues et des gares du Sud.

Bien qu'ils n'aient jamais eu autant de succès que Smith de leur vivant, ces musiciens de country Blues—auxquels le reste de ce volume est consacré—ont également eu une énorme influence sur le développement de la musique populaire du XXe siècle. La soul, le funk et le rythme et le Blues ont tous leurs racines dans cette musique, tout comme le rock britannique et américain. Nous voyons l'influence notamment des joueurs de country Blues sur Eric Clapton, Jimmy Page, les Rolling Stones, le groupe Butterfield Blues, Stevie Ray Vaughan et George Thorogood pour ne citer que quelques exemples évidents.

Les répercussions musicales du country Blues ont été énormes. Ironiquement, les effets politiques de cette musique—comme celui de Smith—ont également été importants. Bien que peu de musiciens de country Blues des années 1920 aux années 1950 aient eu des intentions politiques explicites, leur musique a néanmoins eu des impacts politiques positifs, car elle a été reprise par les étudiants du renouveau du Blues des années 1960 qui étaient souvent très explicites sur le sujet. L'importance politique de la musique et des musiciens qui l'ont créée ont remis en question une tradition de politique raciste.

Notes de Fin

[1] Qtd. dans Dunstan Prial, 2006. Til Producteur. John Hammond et l'âme de la musique américaine (New York : Farrar, Straus et Giroux),117.

[2] Prial, 117 et suiv.

[3] Pour les biographies de ces intellectuels lauréates du prix Pulitzer, voir David Levering Lewis, W.E.B. Du Bois. A Biography (New York : Henrey Holt, 2009) ; Jeffrey C. Stewart, Le nouveau nègre. La vie d'Alain Locke (Oxford : Oxford UP, 2018).

[4] LA TOILE. Du Bois, Critères de l'art nègre. La crise, 32(6), 1926, 290-297.

[5] Voir Richard Keaveny, « L'esthétique et la question de l'identité », dans Le pragmatisme critique d'Alain Locke, édité par Leonard Harris (Latham, Maryland : Roman & Littlefield, 1999), 135. Cp. Steven C. Tracy, 2001, Langston Hughes et les Blues (Chicago: University of Illinois Press), 26 et suiv.

[6] Comme le souligne Davis, Elain Feinstein considérait qu'une partie de la raison de la condamnation de Smith était liée à ce qu'Amiri Baraka considérait comme informant en grande partie du rejet Afro-Américain du Blues en général. Les mœurs des artistes de Blues ne respectaient pas la hiérarchie au sein de la communauté noire entre les Noirs de la classe moyenne et les pauvres des zones rurales. Reprenant les paroles de Feinstein à propos de Smith, mais en les appliquant de manière plus générale : les artistes de Blues les plus profanes « refusaient de reconnaître le système de classes que les noirs avaient mis en place, qui plaçait le monde blanc au sommet inaccessible de l'arbre » Davis, 154. Voir également Amiri Baraka, Les gens du Blues. La musique noire en Amérique blanche (New York : Harper, 1999), 124 et suiv.

[7] Chris Albertson, Bessie (New Haven: Yale UP, 2003), 1-8.

[8] Albertson, 15 ans.

[9] Albertson, 14 et suiv.

[10] Albertson, 12 ans.

[11] Albertson, 14 ans. Cette histoire est racontée par Leigh Whipper, qui a peut-être exagéré ou en tout cas s'est trompé sur les détails. Il raconte que la chanson la plus reçue de Smith en 1913 était « Weary Blues », mais

cette chanson n'a été publiée qu'en 1915 ; et même si elle a peut-être chanté la chanson avant sa publication, il est également étrange que, si cela avait été son premier succès, elle n'ait jamais enregistré la chanson elle-même.
[12] Gilles Oakley, La musique du diable. Une histoire du Blues, 2e éd. (Londres : Da Capo Press, 1983).
[13] Albertson, 38 ans.
[14] Albertson, 66 ans.
[15] Albertson, 55 ans.
[16] Voir Paul Slade, Black Swan Blues : la montée en puissance et la chute brutale du premier label américain appartenant à des Noirs (Planetslade.com, 2021).
[17] Alberta Hunter et Love Austin, « Downhearted Blues ». Primordial. 1922. La version de Smith a été publiée avec le Columbia A3844, le 17 février 1923.
[18] Williams, D. Small et T. Brymn, Besoin d'un peu de sucre dans mon bol. Publié avec Columbia, 1931.
[19] Albertson, 93 ans.
[20] Albertson, 252.
[21] Albertson, 154.
[22] Albertson, 154 et suiv.
[23] Albertson, 155.
[24] Bessie Smith, « J'étais ta douce maman », Columbia 14292 D, 9 février 1928.
[25] Bessie Smith, « Backwater Blues », Columbia 14159D, 17 février 1927. L'arrangement de base pour guitare de la version de l'enregistrement s'appuie sur l'interprétation Lightnin'Hopkins de la chanson, rebaptisée « That Mean Old Twister », 1946, Aladdin 168. Hopkins change beaucoup les paroles.
[26] Voir Phil Ratcliffe, Mississippi John Hurt. Son Live His Times, His Blues (Jackson: University of Mississippi Press, 2011), 54.

[27] Voir Ratcliffe, 55.

[28] Angèle Davis, Blues Legacies et Black Feminism: Gertrude: Ma Rainey, Bessie Smith et Billie Holiday (New York: Livres Vintage, 1998), 109.

[29] Davis, 110.

[30] Cité dans Davis, 110.

[31] Davis, 111.

[32] Lawrence W. Levine, B. manquent de culture et de conscience noire. Pensée populaire Afro-Américaine De l'esclavage à la liberté (Oxford : Oxford UP, 2007), 226.

[33] Cité dans Tracy, 94.

[34] Maureen Mahan, « Comment Bessie Smith a influencé un siècle de musique Blues », Radio publique nationale, https://www.npr.org/2019/08/05/747738120/ comment-bessie-smith-a-influence-un-siècle-de-musique-populaire, consulté le 17 juillet 2023.

Robert Johnson

Chapitre 3 : Robert Johnson

(8 mai 1911 - 16 août 1938)

« Le corps de Robert Johnson a été enveloppé dans un drap de lin blanc et placé dans de fines caisses en bois qui servaient de cercueils aux indigents. » Ainsi raconte l'histoire de l'enterrement de Johnson par Ruth Eskridge, dont le mari a été réquisitionné pour creuser sa tombe : « Je l'ai amené ici, je l'ai fait glisser et je suis parti. À cette époque, on vous enterrait le jour même de votre mort. Ce n'était pas possible de garder un corps comme on le fait aujourd'hui. Ça commencerait à sentir mauvais. » [1]

Robert Johnson, l'homme qui aurait vendu son âme au diable, reçut une sorte d'enterrement chrétien : le révérend Starks, un prédicateur sans ordination ni éducation mais qui fournissait des services pour le commerce, présida la cérémonie, mettant Johnson au repos dans un petit cimetière à côté de l'église Little Zion à Greenwood, Mississippi. La famille de Johnson, après avoir appris sa mort et son enterrement de pauvre, fit exhumer le corps, le plaça dans un cercueil plus approprié et le retourna dans la même tombe. Ce fut la fin de la vie de l'homme Robert Johnson. Cependant, les mythes sur sa vie et sa mort couraient déjà, et ils perdureraient comme peu d'autres.

Comme dans le cas de Bessie Smith, John Hammond a encore une fois joué un rôle déterminant dans la diffusion de fausses informations sur la mort de Johnson. Environ quatre mois après la mort de Johnson, lors du concert « From Spirituals to Swing » de Hammond au Carnegie Hall, Hammond a déclaré au public : « Robert Johnson est décédé la semaine dernière au moment précis où les agents de Vocalion l'ont finalement appréçié et qu'ils lui ont proposé de jouer au Carnegie Hall le 23 décembre. » [2] Hammond a inventé des détails importants. Hammond avait été fasciné par Johnson et effectivement, des agents le recherchaient. Cependant, ils ont surtout découvert qu'il était décédé. Le certificat de décès a été déposé le 18 août 1938, Johnson avait 26 ans.[3]

Johnson a vécu au centre des développements musicaux du Delta Blues comme une figure de transition. Né à Hazlehurst, Mississippi, vers le 8 mai 1911, il s'installe avec sa mère à Memphis pendant la première partie de sa jeunesse. Mais sa jeunesse, comme le reste de sa vie, a été marquée par le mouvement, un mouvement qui lui a finalement permis d'entrer en contact avec différents styles musicaux de Blues qu'il a su synthétiser.

La dévotion de Johnson à jouer de la guitare et ses voyages dans différentes régions pour y parvenir ont été la clé de son développement musical, même si dans le mythe culturel populaire, son génie musical a été attribué à des influences diaboliques. Son House, un musicien confirmé qui a joué à la place de Johnson lors du concert « From Spirituals to Swing », a raconté l'une de ces histoires-clé qui ont amené beaucoup de gens à croire qu'un marché digne de Faust était à l'origine des compétences de Johnson en matière de guitare. Dans sa version, quand House a rencontré Johnson pour la première fois c'était un « gamin » qui jouait un peu d'harmonica mais qui était plutôt bruyant à la guitare. Johnson venait régulièrement aux spectacles du samedi soir où House et Willie Brown jouaient à Robinsonville, Mississippi. Johnson surveillait attentivement les guitaristes et quand ils partaient en pause, il prenait leurs instruments et essayait d'en jouer. Les gens se plaignaient régulièrement du boucan que Johnson faisait et demandaient à House et Brown de lui reprendre les instruments.

Dans la légende, House s'est plaint du jeu du jeune Johnson, mais il prétend également lui avoir aussi enseigné à jouer des bribes de guitare. Il raconte également que Johnson s'est absenté quelques mois avant de revenir en guitariste virtuose, tel que nous le connaissons. La première fois qu'il a entendu Johnson après son retour de Hazlehurst, House a dit : « Quand il a arrêté de jouer, nous étions tous bouches bées. ›› Johnson était en fait si excellent qu'il a finalement remplacé House lors de ces concerts.

Bien que la version de House soit souvent utilisée comme base pour parler du pacte méphistophélique de Johnson, Bruce Conforth et Gayle Dean Wardlow, deux des biographes récents les plus importants de Johnson, soutiennent que House n'a jamais réellement dit que Johnson avait un contrat avec le diable. Ceux qui ont raconté son histoire l'ont presque tous fait. Mack McCormick, un autre biographe de premier plan de Johnson, soutient que Johnson lui-même a propagé le mythe.[4]

Conforth et Wardlow montrent que la réalité de la version de Johnson différait de celle de House à plusieurs égards. Johnson a connu House alors qu'il avait déjà 19 ans et travaillait comme musicien depuis un certain temps. De plus, la période entre les réunions où House a vu Johnson faire du bruit et la réunion où le jeu de Johnson était à couper le souffle était d'environ un an, pas seulement de quelques mois. Johnson était donc probablement déjà bien meilleur que ce que House racontait lorsque Johnson assistait à ses spectacles à Robinsonville et, comme divers guitaristes en témoignent, un travail ciblé peut conduire à des progrès sur l'instrument, rendant inutiles toutes ces aventures avec des diables sur des routes de campagne. Ironiquement, comme le soulignent Conforth et Wardlow, House lui-même est connu pour avoir fait des progrès incroyables à la guitare environ un an après avoir commencé à jouer.

Au cours de la période des rencontres de House et de Johnson, ce dernier avait quitté la région de Robinsonville pour Hazlehurst, à environ 250 milles de là, pour chercher son père biologique, Noah Johnson, que Robert avait à peine connu lorsqu'il était enfant. Il ne l'a pas retrouvé à Hazlehurs, mais s'est cependant lié d'amitié avec un mentor formateur en guitare, Isaiah ou « Ike » Zimmerman. Zimmerman est né en 1898 et a travaillé dans la construction de routes, jouant de la guitare comme passe-temps. Le jeune Johnson l'a rencontré, attiré par la musique que Zimmerman jouait sur un chantier de construction routière. Les deux se sont pris d'amitié l'un pour l'autre et Zimmerman a finalement proposé à Johnson un logement. Selon la fille de Zimmerman, Loretha, Johnson vivait avec la famille Zimmerman comme un membre de la famille, apparemment mêlé à des voyages intermittents à Memphis et à d'autres endroits pour jouer de la musique.[5] Zimmerman a beaucoup enseigné la guitare à Johnson pendant toute cette période. Selon les rapports de la famille Zimmerman, Zimmerman connaissait des camps de bûcherons, des friteries de poisson et des juke-joints où les gens avaient de l'argent à dépenser. Zimmerman a emmené Johnson dans ces endroits pour se divertir. Apparemment, ils s'entraînaient aussi souvent dans un cimetière près de la maison Zimmerman. Loretha a raconté : « Papa faisait toujours peur aux gens en racontant qu'il allait gratter la guitare au cimetière et que les fantômes sortaient de leurs tombes. » [6] Le petit-fils de Zimmerman remarquait que c'était toujours près de minuit.

Comme Loretha l'a noté, faisant également allusion à la référence du carrefour : « Ils partaient pour aller à ce cimetière... Ils s'asseyaient ensemble. Ils n'étaient à aucun carrefour. C'était juste une route. Il n'y avait pas de carrefour. Ils allaient « traverser la route [rires] ». Parce que tu dois traverser la route pour aller à ce cimetière.[7] La réaction sérieuse de la fille de Zimmerman à la question du contrat diabolique met en évidence les véritables croyances en l'horreur et l'occultisme qui ont servi de toile de fond au mythe. Loretha déclarait en interview : « Mon papa n'était pas un diable », elle racontait juste que le cimetière était un endroit où il était possible de jouer sans déranger les voisins.

Les histoires sur le marché Faustien de Johnson ont probablement été renforcées par des récits antérieurs sur le blasphème de Johnson. La première épouse de Johnson, Virginia, est décédée alors que Johnson était jeune et jouait du Blues sur la route. De nombreux membres de la famille de Virginia et de la communauté étaient convaincus que la « musique du diable » de Johnson était responsable de sa mort. Certains récits suggèrent que Johnson croyait en Dieu, du moins en tant que cause de sa propre douleur. Memphis Slim (John Len Chatman) a exprimé un point de vue qui n'a sûrement pas fait grand-chose pour apaiser les opinions sur le blasphème de Johnson : « C'était un homme des plus méchants. Robert Johnson, chaque fois qu'il était ivre, jurait sur Dieu. Il maudissait Dieu et pouvait vider un lieu rapidement, parce que personne ne voulait être avec lui. Ils avaient peur. Il avait déjà traité Dieu des pires noms que vous ayez jamais entendus. Ensuite, il regardait autour de lui et il n'y avait plus personne autour. Sinon lui. Tout le monde disait : « Éloignez-vous de cet imbécile, parce que Dieu va le frapper—et il pourrait nous tuer aussi. » [8]

Johnson a joué sur les mythes du diable dans sa musique. Dans son répertoire, les références à l'occulte sont claires dans « Hellhound on My Trail ». [9] et "Moi et le Devil Blues". [10] « Hellhound on My Trail » est la chanson obsédante d'un homme condamné à une vie d'errance. La mélodie s'inspire de « Devil Got My Woman » de Skip James. Johnson le chante en fausset, créant un style vocal similaire à celui de James. Au lieu de le jouer avec l'accord habituel en ré mineur de James, il le joue en mi mineur, une technique qu'il avait évidemment apprise de Johnnie Temple.[11] La vie d'errance, racontée dans la chanson comme « un chien de l'enfer qui me poursuit », suggère que la sorcellerie est à l'origine de la vie décousue du protagoniste de la chanson. La chanson est une lamentation sur la condamnation au mouvement. « Je dois continuer à bouger, je dois continuer à partir, le Blues m'assomme comme la grêle... , et les jours continuent de m'inquiéter, c'est ce chien de l'enfer qui me poursuit... »

La suite de l'histoire de Johnson est riche en symboles. Sa chanson fait référence à la veille de Noël et au jour de Noël, le jour de la naissance du sauveur chrétien. Ses paroles suggèrent la possibilité d'un salut, mais ce salut imaginé par le protagoniste n'existe pas dans l'Église. C'est une allusion au temps passé avec son « doux cavalier ». A première vue, c'est une simple référence à une amoureuse. Cependant, étant donné la référence à Noël et les significations sulfureuses, cela donne d'autres interprétations possibles. Le spécialiste des religions Albert Raboteau note qu'il était courant de croire que les sorcières pouvaient quitter leur corps et chevaucher leurs victimes. De tels pouvoirs, croyait-on, pouvaient tuer les maudits.[12] En toile de fond de telles croyances, Johnson aurait-il pu parler d'une possession aussi sainte ou impie ? Si oui, parlait-il en tant que croyant occulte ou faisait-il simplement une référence poétique à une croyance occulte ? Connaître les intentions d'un auteur est particulièrement difficile. Il n'y a aucune preuve limpide que Johnson croyait ou pratiquait les sciences occultes. Quoi qu'il en soit, dans cette chanson, son objet de reprise tant attendu, son cavalier, est aussi le but ultime de son mouvement continu. Comme le racontent les couplets, la malédiction de son cavalier met finalement fin à toute reprise qu'il pourrait trouver avec l'aimée. Elle « a déposé de la poudre chaude pour les pieds... autour de ma porte ».

L'aspersion de poudre pour les pieds était une forme courante de conjuration, censée conduire les personnes soumises à la malédiction à une vie d'errance agitée. Le couplet suivant de la chanson raconte la vie orageuse qui s'annonce, compte tenu de cette malédiction. Parmi les images figurent « le vent se lève » et « les feuilles tremblent sur l'arbre ». Ironiquement, même si la femme qui a aspergé la poudre provoque les chiens de l'enfer, le protagoniste aspire néanmoins à la compagnie de sa « petite femme douce ». Dans cette chanson, Johnson semble considérer les femmes comme la cause de son tumulte et comme un possible refuge contre celui-ci.

Dans d'autres chansons également, Johnson fait référence aux pouvoirs occultes. « Cross Road Blues » ou « Me and the Devil Blues » en sont des exemples bien connus. Johnson a enregistré deux versions de la chanson, la première en 1936, la seconde un an plus tard. Au niveau des paroles, les deux versions véhiculent la même histoire de base. La chanson commence par une référence à « lui », faisant référence au diable, comme nous pouvons le voir dans le développement lyrique ultérieur. "Tôt ce matin, quand tu as frappé à ma porte, et que j'ai dit bonjour Satan, je crois qu'il est temps de partir." Il chante en outre pour lui et le diable « marchant côte à côte ». Le protagoniste de la chanson raconte avoir maltraité son épouse, un acte dont il tire une certaine satisfaction. Pourtant, il sait que cela ne guérira pas son plus grand mal. Le protagoniste de l'histoire connaît sa fin : où son corps sera enterré « au bord de l'autoroute » et où son « mauvais esprit » pourra continuer son éternel voyage agité et « prendre un bus Greyhound et partir ». Johnson s'identifie ici au diable ; et il n'exprime aucun scrupule, aucun projet de conversion.

Comme la plupart de ceux qui sont attirés par les histoires de Johnson, Johnson a peut-être considéré ces histoires comme simplement poétiquement émouvantes. De même, il a peut-être cultivé une image sombre à des fins promotionnelles, comme les groupes de rock ultérieurs qui jouaient sur des images similaires, comme Black Sabbath ou Alice Cooper. Étant donné les lieux difficiles dans lesquels il a joué, où les meurtres étaient peu signalés et fréquents, de telles légendes auraient pu également le protéger. Qui veut créer des ennuis avec l'homme qui a le diable à ses côtés ? Les déclarations d'autres personnes sur ce que Johnson a dit sont les plus grandes allusions aux propres convictions de Johnson. Malheureusement, cela ne nous mène pas loin. Alors que Peter Guralnick avait soutenu que Son House était convaincu que Johnson avait vendu son âme au diable, comme indiqué précédemment, les biographes de Johnson, Cornforth et Wardlow, indiquent qu'il n'y a aucune preuve que House ait jamais dit cela.[13] En fin de compte, nous devons simplement admettre que nous ne savons pas ce qui se passait dans la vie intérieure de Johnson.

La musique de Johnson traite clairement des thèmes de l'angoisse spirituelle, qu'elle soit métaphorique ou littérale. Cependant, comme c'est souvent le cas du Blues, le contenu des paroles de Johnson traite également de l'amour, du sexe et de la trahison—faisant parfois appel à des idées spirituelles courantes dans la communauté Afro-Américaine, parfois non. Les paroles font également fréquemment référence à la violence et aux difficultés économiques. Il est dans les thèmes du mouvement, de la divagation. Il est parfois misogyne, mais il affiche aussi souvent un sentiment d'ironie sur le machisme et une tendresse notoire. De toutes ces manières, il exprime ce que la plupart de ceux qui se concentrent sur le country Blues identifient avec sa philosophie.

La vie de Johnson ressemble à celle que nous attendons d'une légende du Blues. Sa vie était celle d'un vadrouilleur, pas toujours de son propre choix. Une grande partie de sa malchance n'était pas de sa faute. Il n'avait aucune relation avec son père biologique, Noah Johnson. Enfant, Robert a déménagé de Hazlehurst, où il est né, à Memphis, où il a passé ses premières années d'école, de 1913 à 1919. Sa mère l'a laissé à Memphis pour vivre avec son beau-père, Charles Dodd. En 1919, sa mère retourna à Memphis et emmena Robert en Arkansas, à 35 miles au sud-ouest de Memphis, dans la région de l'autre côté de la rivière Robinsonville, dans le Mississippi. Sa famille a connu la violence. Il changeait d'endroit parfois pour l'éviter. [14]

Johnson a parfois chanté la violence envers les femmes, comme dans « 32-20 Blues », une chanson qu'il a écrite en s'appuyant sur la chanson de Skip James « 22-20 Blues ». Il répète les paroles de James, chantant qu'il « prendra son 32-20, maintenant, et réduira sa femme à sa merci ».[15] C'est une manière de reprendre le sujet d'une chanson précédente, exprimant le point de vue d'un personnage de la chanson. Ce que nous savons de la vie de Johnson, c'est son affection si souvent exprimée envers les femmes. Il a témoigné d'un amour profond pour sa première femme, Virginia. « Quand tu as une bonne amie » dessine le désir d'un partenariat sain, tel que celui qu'il semblait désirer avec elle. « Quand tu as une bonne amie, qui restera à tes côtés... Donne-lui tout ton temps libre, aime-la et traite-la correctement. » [16] Dans la chanson, l'auteur chante ses regrets d'avoir maltraité son amour et jure de le « réparer ». Il chante à nouveau son désir d'être un « ami proche » de son aimée. Le couplet final passe de la voix à la première personne à la troisième personne. Ce n'est pas ce qu'il fera mais ce que devrait faire quiconque envers une bonne amie.

De nombreuses chansons de Johnson sont également pleines de tout sauf de bravade masculine. « Love in Vain », également présent sur l'album produit pour accompagner ce livre, véhicule une grande vulnérabilité. [17] C'est une histoire semblable à celle que Johnson a lui-même vécue d'un amour non partagé. Les paroles relatent un thème simple et récurrent de la musique populaire. L'auteur amoureux de la chanson est quitté par sa petite amie. Jusqu'au dernier moment, il ne peut pas l'accepter et il suit son amoureuse jusqu'au départ d'un train, espérant qu'elle change d'avis. Le revirement ne se produit cependant pas. Son amour est vain. Cette chanson s'inscrit dans le genre du Blues voyageur féminin. Certains récits typiques de ce genre sont ceux de femmes partant à la recherche d'un homme qui les a quittées ou pour échapper à un homme qui les hante. Ici, la raison du départ de la femme n'est pas claire. Mais le portrait donné par Johnson n'est pas celui d'une femme faible. Il s'agit d'une personne forte qui prend une décision concernant sa propre vie, même si c'est dévastateur pour celui qui l'aime.

« Phonograph Blues » est une chanson sur l'impuissance masculine.[18] Il lui manque également le vibrato macho souvent associé au Blues. La chanson est une histoire de relation amoureuse. La partenaire de l'auteur, Beatrice (le nom de l'une des femmes dont Johnson était amoureux), possède un phonographe qui ne marche pas (double sens de l'impuissance sexuelle). Il doit y avoir une cause métaphysique—un acte maléfique de la part de l'auteur ou de la femme. « Béatrice, elle a un phonographe, et il ne dit pas un seul mot... Quel mal ai-je fait, quel mal cette pauvre fille a-t-elle fait ? »

La chanson raconte que l'amour de l'auteur a brisé l'attachement de sa « chaîne », à cause de son infidélité, en donnant son amour à un autre homme. L'acte de trahison a causé son impuissance. Elle a pris son amour, et avec « donne-le à ton autre homme ». La chanson continue avec des souvenirs d'actes amoureux antérieurs. Johnson met en avant le machisme masculin, mais seulement tel qu'il perdure dans sa mémoire. Dans la réalité actuelle, aucune virilité du passé n'est possible, car l'auteur a une aiguille rouillée et elle ne veut tout simplement pas jouer. L'auteur est cependant résilient, chantant avec conviction que cela peut fonctionner si son amoureuse veut bien revenir l'essayer une fois de plus. La chanson se termine par une répétition du premier couplet. La situation est due à un acte cosmique répréhensible—de sa faute de sa femme, peut-être les deux.

L'ironique autodérision de « Phonograph Blues » est rafraîchissante et elle réduit les représentations simplistes de Johnson en tant qu'homme dur et méchant. En fait, comme de nombreuses chansons de Johnson, celle-ci ne dépeint pas la virilité masculine stéréotypée et la faiblesse féminine, mais une femme forte et un homme dévasté. Les paroles de cette chanson ne ressemblent guère à celles du méchant que Memphis Slim avait décrit. Elles représentent plutôt quelqu'un capable de rire de lui-même ou plus généralement de se moquer des prétentions masculines.

Le genre de relation tendre dont il chantait le désir manquait à Johnson dans la vraie vie. Il possédait clairement ce que les anciens philosophes grecs appellent une akrasie, une volonté divisée ou faible, évidente lorsqu'une personne veut et ne veut pas quelque chose en même temps. Johnson avait peut-être aspiré au type de relation tendre et amoureuse qu'il décrit, mais il n'en voulait pas vraiment en même temps. Il ne serait pas le premier jeune d'une vingtaine d'années à être doté d'une telle sensibilité. Dans l'akrasie en tout cas, on aborde la dichotomie des émotions exprimées dans les chansons de Johnson. Johnson était un homme relativement jeune, avec l'envie de voyager et un faible pour les femmes et la boisson.

Malheureusement pour les amateurs de Blues, le dernier rendez-vous amoureux de Johnson a conduit à sa mort prématurée. Johnson semble avoir été empoisonné par R.D. Davis, le mari de la femme avec qui il a eu sa dernière liaison. Le mari a mélangé des boules d'antimites dans une boisson pour Johnson, un mélange qui n'entraînait pas nécessairement la mort, mais normalement seulement de graves souffrances. Johnson venait cependant de recevoir un diagnostic d'ulcère. Compte tenu de son état de santé latent, cette boisson a été sa potion mortelle. [19]

La vie, la mort et la légende de Johnson persistent à stimuler l'imagination. Aucun joueur de Blues n'a certainement autant représenté le mythe du Blues pour les groupes de Blues rock des années 1960 que lui. Il a vécu une vie décousue d'homme, de musicien de Blues, buvant, flirtant et célébrant cela en chantant. Et au final, l'homme qui avait conclu un prétendu marché avec le diable est décédé à cause d'un mari jaloux à l'âge de 26 ans.

Notes de Fin

[1] Bruce M. Conforth et Gayle Dean Wardlow, Le diable a sauté. La vraie vie de Robert Johnson (Chicago : Chicago Review Press, 2019), 256.

[2] Conforth et Wardlow, 266.

[3] Conforth et Wardlow, 258.

[4] Voir Conforth et Wardlow, 87 et suiv. Voir aussi Robert « Mack » McCormick, Biographie d'un fantôme. Une odyssée du Blues de Robert Johnson (Washington, DC : Smithsonian Books), 2023.

[5] Conforth et Wardlow, 191 et suiv.

[6] Conforth et Wardlow, 106.
[7] Conforth et Wardlow, 105.
[8] Conforth et Wardlow, 83.
[9] Robert Johnson, « Hellhound sur ma piste », Vocalion, 1937.
[10] Robert Johnson, « Moi et le Devil Blues », Vocalion, 1938.
[11] Cornforth et Wardlow, 211.
[12] Albert Raboteau, Religion des esclaves (Oxford, Oxford UP, 2004), cf. 14.
[13] Conforth et Wardlow, 5.
[14] Conforth et Wardlow, 45 et suiv.
[15] Robert Johnson, 32-20 Blues, Vocalion, 1936.
[16] Robert Johnson, « Quand tu as un bon ami », Vocalion, 1936.
[17] Robert Johnson, « L'amour en vain », Vocalion, 1936.
[18] Robert Johnson, « Phonograph Blues », Vocalion, 1936.
[19] Au cours d'une enquête ultérieure, il a été suggéré qu'il était mort de la syphilis. Mais Conforth et Wardlow soulignent que les vomissements et la douleur ainsi que l'heure de sa mort étaient bien documentés, fournissant des preuves plus solides de l'empoisonnement comme cause du décès.

Tommy Johnson

Chapitre 4 : Tommy Johnson

(janvier 1896 - 1er novembre 1956)

Comme ses 12 frères et sœurs, Tommy Johnson est né dans une plantation appartenant à George Miller à environ 20 miles au sud de Jackson, Mississippi, près de Terry.[1] Tommy était le sixième enfant. Après la naissance de tous les enfants, la famille a déménagé à Crystal Springs. La famille était liée à Lonnie Johnson, l'un des premiers grands chanteurs de jazz et de Blues et innovateurs en matière de guitare. La plupart des membres de la famille de la mère de Tommy (les Wilson) étaient également musiciens, sauf elle. [2] Selon le frère de Tommy, LeDell, leurs oncles avaient un groupe qui jouait des « jump ups » et des « chansons d'amour ». Les enfants plus âgés de Johnson ont appris certaines de ces chansons à la guitare. Ils ont surtout appris les différentes chansons de folk Blues connues dans la région. LeDell affirme qu'il a d'abord appris à Tommy à jouer. Mais cela s'est terminé lorsque Tommy, vers l'âge de 16 ans, vers 1912, s'est enfui avec une femme beaucoup plus âgée.[3] Tommy est revenu deux ans plus tard sans, mais en elle, mais étant devenu un tant que joueur de Blues accompli. Il avait passé du temps dans le Delta, près de Rolling Fork et à Boyle, dans le Mississippi, des villes situées entre 90 et 140 milles de Crystal Springs.

Pendant son absence et introduit à la nouvelle musique, Tommy était devenu un auteur-compositeur accompli et il est revenu en jouant dans un style inconnu dans la région de Crystal

Springs. Comme LeDell le décrit : « Lui et moi jouions pour des Blancs ici, et il s'installait simplement et s'asseyait là et suivait avec sa gratte, et il pouvait faire une chanson en dix minutes. [4] Le processus décrit n'est pas celui de Tommy jouant de nouvelles chansons qu'il a apprises, mais de sa capacité a ecrire des chansons de Blues avec sa maîtrise pendant son absence. En effet, selon David Evans, le seul biographe majeur de Johnson, la seule chanson jouée par Tommy et qu'il prétendait avoir apprise de quelqu'un d'autre était « Black Mare Blues », qu'il disait avoir apprise de Dick Bankston.

Aussi créatives que soient les chansons de Tommy, elles s'inspirent de nombreux thèmes lyriques et musicaux largement partagés—des idées musicales qu'il a contribué à diffuser. Pour sa part, LeDell était convaincu que Tommy devait ses compétences à un marché Faustien comme celui que beaucoup croyaient que Robert Johnson avait conclu. Il raconte l'histoire suivante, que lui aurait racontée son frère :

> Si vous voulez apprendre à jouer ce que vous voulez et apprendre à créer des chansons vous-même, prenez votre guitare et allez à une croisée de chemins, là où se trouve un carrefour. Allez-y, assurez-vous d'y arriver juste un peu avant minuit ce soir-là pour que vous sachiez que vous y serez seul. Prenez votre guitare et jouez un morceau tout seul. Vous devez y être seul et être assis là à jouer un morceau. Un grand homme noir viendra là-bas, prendra votre guitare et l'accordera. Et puis il jouera un morceau et vous la rendra. C'est comme ça que j'ai appris à jouer tout ce que je veux.[5]

Bien que LeDell ait insisté sur l'origine miraculeuse des compétences de son frère, il note que Tommy n'a pas abandonné les autres musiques, y compris la musique religieuse. « Il jouait n'importe quoi, peu importe ce que c'était. Mêe des chants d'église. Vous pouviez chanter n'importe quelle sorte de chanson mixée avec le que vous vouliez, et je vous parie qu'il la jouait. » [6]

LeDell était d'abord enthousiasmé par le Blues que Tommy lui enseignait. Mais il ressentait de plus en plus un conflit entre son propre désir de jouer du Blues et son désir de ce qu'il considérait comme une vie juste. « J'en suis arrivé au point où j'ai décidé d'abandonner complètement, parce que j'en avais marre de vivre une vie d'enfer. J'ai joué des chants d'église, mais j'ai abandonné le Blues. Ce qui m'a poussé à abandonner le Blues, c'est que j'ai essayé de retrouver la parole de Dieu.[7] Le récit de LeDell sur sa propre expérience mérite d'être partagé, ne serait-ce que pour mettre en évidence une description précise inhabituelle d'une réaction religieuse habituelle au Blues.

> « Le dernier Blues que j'ai joué, c'était pour les vieux. Cette vieille dame et ce vieil homme dansaient, dansaient simplement et faisaient le Ballin'the Jack et faisaient toutes sortes de danses amusantes. Des gens âgés, d'une soixantaine d'années, tous les deux. C'était après la fin de la guerre. C'était quelque part en 18. C'était la dernière fois que je jouais. Et je suis rentré chez moi ce matin-là et j'ai accroché ma guitare contre le mur comme je faisais, et chaque fois que je m'endormais, le diable me réveillait en jouant le même morceau que celui sur lequel les gens

> dansaient. Et ça m'a tellement inquiété, je me suis levé et j'ai mis la guitare sur le plancher, je l'ai posée sur le dos, tu sais, pour voir comment cette guitare jouait toute seule. Je retourne au lit. Au moment où je me suis endormi, ça jouait du Blues, tout comme si je le jouais moi-même. Je me suis relevé, j'ai pris la guitare, je l'ai mise sur ses cordes, je l'ai posée sur ses cordes. Je suis revenu, je me suis rendormi et je me suis levé. La chose jouait. Je me suis levé et la guitare était retournée sur le dos. Et chaque fois que je me levais, cela arrêtait de jouer. Je l'ai mise sous le lit. Je ne pouvais pas dormir avec ça de cette façon. Je n'avais pas eu cette guitare depuis deux semaines. Je l'avais payée soixante-quinze dollars. Je me suis levé ce matin-là et j'ai dit à ma femme que j'avais fini de jouer de la guitare à cause du Blues. J'ai dit que si jamais je jouais encore, je jouerais des chants d'église. Je lui ai dit que j'allais la vendre. J'ai vendu cette gratte pour cinq dollars, je l'ai donnée. Je n'en voulais plus. »[8]

L'histoire est un récit extrêmement riche d'une expérience personnelle, mais elle devrait nous faire réfléchir lorsque l'on considère l'histoire de LeDell sur le contrat méphistophélique de Tommy. Les deux histoires sont-elles le fruit d'une imagination très active ? La question est pertinente puisque personne n'a jamais corroboré l'histoire de LeDell sur le marché Faustien de Tommy. Comme dans le cas de Robert Johnson, nous ne semblons pas disposer de suffisamment d'informations pour juger de ce qui se passait dans la vie intérieure de Tommy. Dans le cas de Tommy, nous n'avons même pas de paroles de chansons comme celles de Robert Johnson qui suggèrent des croyances occultes.

Quoi qu'il en soit, les questions philosophiques ou sociologiques sur la manière dont nous pourrions interpréter de manière productive l'histoire de tels pactes sont peut-être plus intéressantes que de savoir si Robert ou Tommy Johnson croyaient avoir effectivement conclu des pactes avec des forces obscures. Il vaut la peine de se demander si, dans un monde moralement corrompu, comme celui sanctionné par un système de répression raciale dans le sud de Jim Crow, la tentation d'adopter ce qui est culturellement condamné comme sombre pourrait être émancipatrice. Dans un contexte différent, l'adhésion à « l'Antéchrist » par Nietzsche a été comprise dans la même veine. Si la culture nie la vie et la liberté, comme c'était le cas lorsque la culture américaine a adopté une politique raciste, alors il pourrait sembler raisonnable d'inverser plus complètement la logique morale, d'accepter que le « mauvais » culturellement défini est en réalité bon et que la vie est une réalité. L'affirmation d'une telle impulsion est compréhensible. Mais bien sûr, ceux qui embrassent les démons de cette manière feraient bien de se demander si leurs choix ont effectivement des effets émancipateurs sur leur vie et celle des autres. L'adoption du côté obscur que l'on retrouve dans la tradition du Blues, comme celle qui entoure Robert et Tommy Johnson, peut exprimer une impulsion raisonnable dans un monde déraisonnable (pour reprendre Theodor Adorno).[9] Mais bien souvent, cet instinct rebelle, que ce soit dans le Blues, ou plus tard dans le punk ou d'autres mouvements sociaux, réussit mieux à déconstruire un faux système de valeurs qu'à en ériger un nouveau pour le remplacer.

Pour en revenir à notre récit, nous avons certainement mieux à faire pour expliquer le développement musical de Johnson que de nous tourner vers des explications occultes. Nous pouvons analyser une partie des influences concrètes du développement musical de Johnson en nous intéressant à ses premiers voyages musicaux. David Evans souligne que lors de ses premières pérégrinations, Tommy avait déjà rencontré Will Born et Charlie Patton ; et ses chansons montrent fortement leur influence, ainsi que celle d'autres personnes qu'il a rencontrées alors qu'il était musicien itinérant, en particulier dans la région de Drew, une région où il a passé également plus tard un temps considérable.[10]

De retour à Crystal Springs, il a travaillé pendant un certain temps comme musicien itinérant dans la région. Mais en 1914 ou 1915, encore âgé de moins de 20 ans, il a épousé Maggie Bidwell, la première de quatre épouses. Il a ensuite déménagé à Jackson avec elle et plus tard à Drew. Cette relation, comme les autres, fut de courte durée. Mais cela l'a encore une fois amené dans la région au cœur du développement des premiers Blues du Delta.[11]

Au cours de cette période, le Blues présentait encore de fortes différences régionales. Il n'y avait pas d'enregistrements nationaux de musiciens de country Blues. Le genre était largement diffusé par des musiciens qui jouaient dans les gares ou dans le cadre de spectacles de minstrels. Evans se concentre sur l'importance particulière de la musique de la région de

Drew dans le développement de Johnson au cours de cette période. Johnson n'était que l'un des nombreux musiciens à s'y installer, en partie pour profiter de la possibilité de gagner de l'argent auprès de ceux qui ont émigré de Jackson pour récolter du coton dans cette partie du Delta. Drew se trouve dans le comté de Tournesol, le même comté que Dockery Plantation, patrie de nombreuses légendes du Blues. Il se trouve également à environ 16 kilomètres de la prison de Parchment, où divers musiciens de Blues, tels que Son House, ont purgé des peines de prison remarquables.

Patton était le plus influent des premiers joueurs de Blues de cette partie du Delta. Il est né vers 1881 et a déménagé avec sa famille dans la plantation Dockery en 1897. Il jouait de la musique depuis l'âge de 14 ans, également avec des membres de la famille Chatman. Patton avait influencé Henry Sloan, dont certains pensent qu'il était le musicien que W.C. Handy, le premier à avoir fait le succès commercial du Blues, avait vu à Tutweiler, Mississippi, à environ 15 miles de Drew. Cette spéculation est due au fait que Sloan a chanté une chanson avec les paroles que Handy avait raconté avoir entendues dans l'histoire de sa première rencontre avec le Blues : « Je vais là où le sud croise le chien ». La référence est à l'endroit où le Southern Railway et le Yazoo Delta Railway (le Yellow Dog) se rencontrent, à Moorhead, Mississippi.[12] Patton avait également enseigné à Willie Brown. En plus d'avoir appris de ces musiciens, Johnson avait vécu à Drew avec Josie Bush, une femme qui, selon Evans, jouait du Blues avec les mêmes aptitudes que Johnson lui-même. De plus, Ben Maree, un autre musicien de Drew, aurait fortement influencé le jeu de Johnson.[13]

Pendant toutes des années 1920, la vie de Johnson fut transitoire. En plus de vivre à Drew, il circulait à Jackson, Crystal Springs et Rolling Fork. Il jouait de la musique dans les petites villes de la région. À cette époque, il a également influencé de nombreux musiciens de la région. La musique de Johnson a suscité un certain enthousiasme tant à l'intérieur qu'à l'extérieur des communautés noires. Il avait un patron blanc, M. Campbell, qui, pendant un certain temps dans les années 1920, soutenait ses efforts musicaux de Johnson. Campbell était un entrepreneur en ponts, qui a donné à Johnson un logement et a également fait de lui un contremaître chargé des travaux sur les ponts lorsqu'il était absent. Le soutien de Campbell à la musique de Johnson était particulièrement important. Il l'embauchait pour jouer de la musique et encourageait son désir d'enregistrer.[14] Même si les informations sur son ancien patron peuvent sembler accessoires, elles méritent d'être soulignées pour montrer l'attrait que le Blues exerçait en dehors de la communauté principale dans laquelle il était finalement commercialisé. Cela suggère un échange parfois plus large entre les cultures musicales.

Johnson a finalement réalisé des enregistrements commerciaux de 1927 à 1931. Comme la plupart des musiciens du Delta les plus connus de cette époque, il a été enregistré par H.C. Speir à Jackson. Speir, né en 1895 à Prospect, Mississippi, est devenu un découvreur de musique emblématique, enregistrant non seulement Tommy Johnson, mais aussi Charlie Patton, Skip James, John Hurt et The Mississippi Sheiks, entre autres. Spier avait grandi avec l'amour de la musique noire et a finalement ouvert un studio d'enregistrement dans son magasin commercial à Jackson. Il y vendait des disques mais faisait également des courts enregistrements d'artistes, qu'il envoyait à de grandes maisons de disques. Spier était connu pour demander aux musiciens d'enregistrer au moins quatre chansons originales. En parlant de sa session d'enregistrement originale avec Johnson, il a fait remarquer qu'ils ont dû faire un travail considérable ensemble pour proposer quatre chansons uniques pour le premier enregistrement.[15] Une explication est que Johnson répétait souvent les mêmes paroles traditionnelles dans différentes chansons.

David Evans a exploré l'écriture de Johnson en détail dans son livre intitulé d'après la chanson de Johnson, « Big Road Blues ». Son analyse peut nous aider à comprendre pourquoi Spier a pu avoir du mal à reconnaître les différences au cours des premières sessions d'enregistrement de Johnson. Plus important encore, son analyse met en lumière des éléments clés importants pour l'écriture de chansons Blues de Johnson qui sont plus généralement applicables au genre. Evans souligne que le genre du Blues partage diverses caractéristiques avec les pratiques de narration des cultures orales. Les cultures orales ont été bien décrites par Walter Ong et Milman Parry, entre autres. [16] Dans de telles cultures, les idées ne sont pas protégées par le droit d'auteur. Elles appartiennent à un stock culturel commun. Les conteurs ou bardes répètent des histoires pour un usage collectif, afin de préserver la sagesse et les sensibilités morales des gens. De nombreuses cultures orales tentent de répéter les contes traditionnels aussi près que possible de la forme originale. En fait, les praticiens sont souvent convaincus qu'ils reproduisent à l'identique les histoires originales qu'ils ont apprises.

Dans le cas du Blues, nous constatons des similitudes, mais aussi quelques différences. Dans le Blues, les formes musicales et les paroles sont utilisées en commun. Pourtant, la réplique ne consiste pas à tenter de répéter précisément ce que l'on a appris, comme il est typique de le faire dans les cultures de narration orale. A la place, de nombreuses idées de base sont prises, mélangées et répétées avec des variations. Par exemple, nous constatons que bon nombre des paroles de « Big Road Blues » et du répertoire plus large de Johnson, tout comme les éléments musicaux de la chanson, étaient anciennes et avaient été transmises entre musiciens. De même, ils ont été librement adoptées par d'autres personnes qui avaient entendu Johnson, tout en y ajoutent des variations musicales et lyriques. En fait, l'expérience personnelle exprimée dans la variation est très importante pour le Blues, car le Bluesman et la Blueswoman ont cultivé la mystique du chant à partir de leur expérience personnelle.

En fin de compte, cela a abouti à de grandes ressemblances entre les bases, mais pas à des similitudes. Comme le note Evans, « les dix Blues de Johnson présentent des similitudes dans leurs paroles, mélodies et accompagnements avec un ou plusieurs Blues enregistrés par d'autres artistes de la tradition Drew ».[17] Pourtant, nous constatons une répétition avec différence. Les similitudes observées dans le travail des musiciens ultérieurs du Delta indiquent en partie l'influence de Johnson. Son propre style influent avait déjà incorporé des éléments d'une culture préexistante plus large, et reflète bien evidemment une norme culturelle qui ne reconnaît pas cet « échantillonnage » comme un vol.

« Big Road Blues » est l'une des chansons de l'album qui l'accompagne.[18] Il appartient au sous-genre du Blues voyageur, l'un des sous-genres les plus importants du Blues. Comme de nombreux chercheurs l'ont souligné, bien que les conditions économiques de nombreux Afro-Américains ne se soient pas améliorées de façon spectaculaire après l'esclavage et que le système de plantation ait dans certains cas transformé les gens en l'équivalent de serviteurs sous contrat, l'une des grandes différences pour les Afro-Américains d'après-guerre de Secession était la liberté de voyager. Les chansons de voyage masculines mettent souvent en avant le désir d'échapper à un amour qui a mal tourné, de rechercher de meilleures opportunités économiques ou simplement d'échapper à la dureté générale de la vie.

Cette chanson du voyage met en lumière les malheurs relationnels. Au centre de difficultés émotionnelles, l'auteur de la chanson s'engage sur la « grande route ». Mais comme il l'annonce, il ne le fera pas seul : « Si je ne t'emmène pas, j'emmènerai quelqu'un d'autre. » L'artiste de Blues exprime en outre la frustration qui a motivé sa décision de prendre la route, c'est à dire la femme avec qui il a été impliqué et qui a tenté de profiter de lui. Comme il le chante avec exaspération dans le troisième couplet : « Qu'est-ce qui te fait sentir comme tu le fais, fais, fais ? » Ces paroles, comme les premières, appartiennent au stock d'idées habituelles qui circulent parmi de nombreux musiciens de Blues. Ici, l'auteur de l'histoire reconnaît ce qui se passe et ne le permet plus. En particulier, dans le quatrième verset, il exprime sa préoccupation d'être exploité économiquement : « Prends l'argent de ce pauvre garçon maintenant, bien sûr, toi Seigneur, tu ne prendras pas le mien. » Enfin, si la chanson parle d'une relation qui se termine sur une certaine amertume, le deuxième couplet annonce déjà une note d'optimisme au milieu de cette tourmente. Utilisant l'une des phrases les plus courantes du Blues traditionnel pour prédire un avenir meilleur, le chanteur entonne : « ce soleil va briller au travers de ma porte de derrière un jour, et le vent va changer et va faire disparaître mon Blues. »

Johnson avait une histoire à propos de cette composition qu'Ishmon Bracey a racontée : « Il était à un dîner et sa petite amie ne l'a pas laissé la raccompagner à la maison. Et il lui a dit, eh bien, qu'il trouverait quelqu'un d'autre. Qu'il n'allait pas reprendre cette longue route tout seul. Quand il a trouvé une autre fille, il a fait une chanson a cette anecdote. »[19] Néamoins cette chanson est en grande partie composée de paroles et de thèmes traditionnels. Quoique Johnson ait tiré de sa propre expérience une grande partie des paroles, cette chanson était issue du tissu commun de la culture Blues.

Diverses chansons de Johnson présentaient des similitudes avec « Big Road Blues ». « Maggie Campbell Blues » en est un exemple.[20] Il a le même jeu de basses caractéristique au départ. La mélodie est pratiquement identique à de nombreux endroits. Même les paroles sont les mêmes par endroits. Le couplet 2 correspond essentiellement aux paroles citées plus tôt de « Big Road Blues » : « Maintenant, le soleil va briller au travers de la porte de derrière de ma maison et bientôt le vent va changer et va faire disparaître mon Blues »

Evans souligne l'influence du « Big Road Blues », soulignant que la chanson démontre d'une manière presque exemplaire comment le genre Blues s'est répandu. Johnson a joué avec de nombreux musiciens dans tout le Sud dans les années 1930 et 1940. Certains, comme Willie Lofton, ont enregistré des chansons fortement basées sur le « Big Road Blues ». Son « Dark Road Blues » est une version folk de « Big Road Blues ». « Dirty Mistreater » avait des paroles et un refrain différents mais de grandes similitudes avec la chanson. Amos Easton, qui a enregistré sous le nom de Bumble Bee Slim, a également réalisé des enregistrements inspirés du « Big Road Blues » : « Sad and Lonesome » et « Rough Road Blues ». La mélodie de « Rough Road Blues » est en grande partie tirée de la chanson de Johnson, mais Bumble Bee Slim joue du Bottle Neck Slide, et la chanson n'a pas la ligne de basse descendante qui caractérise la chanson de Johnson. « Sad and Lonesome ›› suit la ligne mélodique de « Big Road Blues ›› pendant la majeure partie de la chanson et imite la ligne d'appel de la chanson de Johnson « Tu ne m'entends pas parler ? » Il comporte cependant un piano et une guitare de secours. Kokomo Arnold, qui a également visité la région, a enregistré « Stop, Look And Listen », une version du « Stop and

Listen Blues » des Mississippi Sheiks qui était profondément redevable à la chanson de Johnson, et elle a également inclus un couplet de « Big Road Blues ». [21]

Les similitudes entre ces nombreux enregistrements soulignent l'influence de Johnson sur les musiciens de la région. Mais ils éclairent également le caractère des premiers écrits de Blues de manière plus générale. Les gens ont emprunté des riffs de guitare et des paroles, car ils étaient considérés comme faisant partie d'un patrimoine culturel plus large et n'appartenant à personne en particulier. Cela a bien sûr conduit à un conflit avec la culture émergente et les systèmes de monétisation de la musique qui ont aidé certains artistes à gagner leur vie mais qui ont bien plus servi les éditeurs des sociétés de musique que les artistes eux-mêmes.

Le conflit entre ce style traditionnel de création musicale et l'émergence du droit d'auteur sur la musique intervient d'une manière particulièrement fascinante dans le cas de Johnson. L'un des premiers conflits pour violation du droit d'auteur concerne « Big Road Blues ». Les Mississippi Sheiks, un groupe de guitare et de violon populaire, se sont fortement appuyés sur « Big Road Blues » dans leur chanson « Stop, Look and Listen ». L'enregistrement était suffisamment similaire à la chanson pour que le label de Johnson, Victor Records, ait poursuivi Okeh Records, qui avait enregistré les Sheiks.

Johnson, qui avait un grave problème d'alcool, était apparemment ivre au moment des négociations. Il a autorisé les Sheiks à utiliser la chanson en échange d'une petite somme d'argent, mais il est également parti, à tort, convaincu qu'il avait renoncé à ses droits d'enregistrement. Selon les mots de son frère LeDell, qui avait la même fausse impression que Tommy sur l'issue des négociations : « Il buvait tellement qu'il a vendu ses droits et il ne pouvait plus sortir de disques... Quand Tom était fauché, il vendait n'importe quoi pour avoir un verre de whisky, ou un verre d'alcorub ou tout ce qui pourrait attirer un ivrogne. »[22]

En fin de compte, les lois sur les droits d'auteurs ont mieux servi les musiciens plus célèbres et les maisons de disques que Johnson, qui aurait dû bénéficier d'une représentation juridique solide. Johnson a été mal payé lors des négociations avec les Sheiks. Comme la plupart des artistes de Blues de cette période, Johnson était également mal payé pour ses autres travaux. Pour ses premiers enregistrements, il a reçu 30 $ et aucune royalties (l'équivalent d'environ 550 $ en 2024). Les chansons se sont suffisamment bien vendues pour que, avant les négociations avec les Sheiks, Johnson soit invité à nouveau à enregistrer pour Victor Records. Au cours de ces dernières sessions, il a enregistré « Big Fat Mama Blues », « Canned Heat Blues » et deux chansons que Victor n'a pas publiées : « Louisiana Blues » et « Lonesome Home Blues ». Dès sa deuxième séance, « Canned Heat Blues » a particulièrement saisi une question d'importance personnelle pour Johnson, les dangers de la consommation de spiritueux faits maison pendant la Prohibition.[23] Compte tenu de l'influence de la chanson et de la relation tragique de Johnson avec l'alcool, ainsi que du caractère très commun de ce type de tragédie, cela vaut vraiment la peine de consacrer du temps à cette chanson.

Dans « Canned Heat », l'auteur du Blues chante sa dangereuse passion pour la boisson, au point de signifie ingérer de l'alcorub, euphémisme pour l'alcool d'eau de cologne ou l'alcool contenu dans l'alcool en gelée Sterno : « Pleurer, du feu en boite, du feu en boite, maman, pleurer, bien sûr, Seigneur , ça me tue . . . Il faut de l'alcorub pour créer ces Blues. ›› Johnson continue en chantant son réveil avec le « feu en boite » dans l'esprit, malgré sa peur légitime que cela « me tue, mort »—une sorte de prémonition du propre destin de Johnson.

Pendant la Prohibition (qui a duré jusqu'aux années 1960 dans le Mississippi en raison des lois de l'État), boire était un risque particulier, car il était souvent assez difficile de trouver de l'alcool de bonne qualité, voire sûr. Johnson était comme beaucoup d'autres qui, lorsqu'ils ne trouvaient pas d' alcool correct, se contentaient de mauvais, et il était connu pour boire du « feu en boite». C'était une boisson courante. Pourtant, cela a laissé de nombreux gars estropiés ou morts. Johnson faisait partie de ceux qui en subissaient les effets délétères. Le frère de Tommy, Mager, parle de l'une des façons dont Tommy le préparait.

> Ce « feu en boite », tu sais, c'était rouge. C'était dans ces vieilles petites canettes. Quand tu l'ouvrais, tu retirais le couvercle de la boîte. On grattait une allumette et il la brûlait, il en brûlait le dessus. Et il le mettait dans un chiffon et l'égouttait. Il y avait du jus dedans. On en pressait le jus dans un verre. Et puis, on ajoutait du sucre, qu'on mélangeait dedans. Et puis un peu d'eau. Et là. [24]

Bracey fait partie de ceux qui racontent la gravité du problème d'alcool bien connu de Johnson :

> Boire était sa faiblesse. C'est ce qui l'a tué. Tommy buvait tout ce qu'il pouvait. Quand il n'avait plus de whisky, il buvait n'importe quoi. C'est la raison pour laquelle il a sorti ce « Canned Heat » Blues. Il a bu du feu en boite, du cirage, de l'alcorub, jusqu'à ce qu'ils en fassent un business. Il buvait n'importe quoi, alcools frelatés, bière, vin, whisky, tout ce à quoi il avait accès. [25]

« Canned Heat » est la chanson qui, plus que toute autre, remémore les graves problèmes d'alcool qui ont hanté la vie de Johnson. Musicalement, la chanson est très similaire à « Big Road Blues », sans le refrain de la ligne de basse. Comme « Big Road Blues », il est joué en accord drop D. Comme dans de nombreuses chansons de Johnson, Tommy chante ici en fausset, conférant à la chanson une qualité envoûtante. La version de « Canned Heat » de son premier enregistrement a eu un effet particulièrement fort sur les interprètes ultérieurs, particulièrement reprise par le groupe de rock qui s'est baptisé d'après la chanson. Mais les enregistrements de sa deuxième session ne se sont pas bien vendus. Victor Records n'a plus enregistré Johnson.

Johnson a cependant eu l'occasion d'enregistrer avec Paramount.[26] Cependant, les chansons des sessions Paramount—avant les négociations malheureuses de Johnson avec les Sheiks—ne se sont pas bien vendues non plus, et ce furent ses derniers enregistrements. Le prestige des enregistrements antérieurs a conféré à Johnson une notoriété qui lui a servi pendant un certain temps. Entre les enregistrements Victor et Paramount, il a pu tirer parti de sa réputation artistique pour diriger avec succès un café à Jackson, dans le Mississippi, où il jouait également régulièrement. Mais comme ses frères et sœurs le racontent, il a dépensé tous ses bénéfices en alcool.[27] Il s'est donc tourné à nouveau vers une vie essentiellement de musicien itinérant, avec quelques activités agricoles intermittentes. LeDell note qu'il s'absentait parfois pendant des années et n'écrivait pas à la famille. Tout au long de sa vie, les crises d'alcool de Johnson lui ont coûté cher. Il a été arrêté à plusieurs reprises pour ivresse et envoyé au travail avec des gangs de rue. Il était aussi régulièrement tellement ivre qu'il ne pouvait plus jouer de musique.[28]

Dans les années 1950, la musique populaire dans le Delta avait changé. Trumpet Records enregistre Sonny Boy Williamson, du Delta, ainsi que Big Joe Williams et Arthur « Big Boy » Cudrup, dont les chansons deviendront particulièrement célèbres dans les versions d'Elvis Presley. Ils ont également enregistré Luther Huff et Elmore James. La nouvelle musique a été amplifiée. Le contenu des paroles était plus ciblé et thématique que le country Blues précédent. Bracey a raconté comment, au milieu de tout cela, Johnson a refusé : « J'ai essayé de le faire changer. Il a pleuré et a dit qu'il allait arrêter de boire, qu'il rejoindrait l'église et qu'il deviendrait pasteur. Il a dit qu'il le ferait, mais il ne l'a pas fait. Et peu de temps après, j'ai appris qu'il était mort. »[29]

Il est décédé le 1er novembre 1956, le matin après avoir joué de la musique lors d'une fête pour sa fille à Crystal Springs.

Il a été enterré au cimetière de Warm Springs, au nord de Crystal Springs, dans une tombe anonyme.[30] Comme beaucoup d'artistes de Blues, il a vécu une vie conflictuelle et est mort sans résoudre ces conflits.

Notes de fin

[1] La plupart de ce que nous savons de Tommy Johnson vient du travail de David Evans. Sa biographie, Tommy Johnson, (Studio Vista, 1971) est la seule biographie du chanteur. Ce livre est la source de la plupart de ce que je propose de la biographie de Johnson. Les écrits d'Evans s'appuient sur un travail de terrain qu'il a effectué dans les années 1960. Le frère de Tommy, Mager, qu'Evans a également enregistré, est l'une des principales sources du travail d'Evans. Une autre source importante est celle d'Evans. Grand Blues de la route (New York : Da Capo Press, 1982). Les références ci-dessous renvoient à la biographie, sauf indication contraire.

[2] Evans, 17 ans.

[3] Evans, 22 ans.

[4] Evans, 22 ans.

[5] Evans, 22.

[6] Evans, 22ff. See Harry M. Hyatt, *Hoodoo—Conjuration—Witchcraft—Rootwork*, vol. 1 (Western Publishing, 1970), 108-111.

[7]Evans, 30.

[8] Evans, 30.

[9] Theodor Adorno, *Minima Moralia: Reflections from Damaged Life*, translated by E. F. N Jephcott (New York: Verso, 2005).

[10] Evans, 23.

[11] Evans, 24.

[12] W. C. Handy, *Father of the Blues: An Autobiography* (New York: Da Capo Press, 1969), 74.

[13] Evans, 25.

[14] Evans, 36ff.

[15] Evans, Big Road Blues, 236.

[16] See, for example, Walter Ong, *Orality and Literacy* (London: Routledge, 3rd edition, 2012). Most of my analysis of oral cultures draws on Ong's work. Cp. Milman Parry, *The Making of Homeric Verse*, edited by Adam Parry (Oxford, Oxford UP, 1971), Albert B. Lord, *The Singer of Tales* (Cambridge, Mass: Harvard UP, 3rd edition, 2020).

[17] Evans, *Big Road Blues*, 236.

[18] Tommy Johnson, "Big Road Blues," Victor Records, 1928, V21279.

[19] Evans, 50.

[20]Tommy Johnson, "Maggie Campbell Blues," Victor Records, 1928, V21409.

[21] Evans, 73.

[22] Evans, 68.

[23] Tommy Johnson, "Canned Heat Blues," Victor Records, 1928, V38535.

[24] Evans, 57.

[25] Evans, 57.

[26] Evans, 61ff.

[27] Evans, 61.

[28] Evans, 82.

[29] Evans, 85.

[30] Evans, 87.

Mississippi John Hurt

Chapitre 5 : Mississippi John Hurt

(8 mars 1893 - 2 novembre 1966)

Dans les dernières années de sa vie, John Hurt a été l'acteur le plus populaire du renouveau du Blues des années 1960. Pendant environ trois ans et demi, il a été la principale attraction des artistes de folk Blues dans les festivals de Newport à Philadelphie et dans le circuit universitaire du nord-est des États-Unis.

Il aimait son nouveau statut. Pourtant, à cause du mal du pays, après environ trois ans et demi dans le Nord-Est, lui et sa femme sont revenus à Avalon, dans le Mississippi, à la fin de 1965 ou au début de 1966.[1] Le 2 novembre 1966, il est décédé d'une crise cardiaque à Grenade, dans le Mississippi, quelques jours après avoir été victime d'un accident vasculaire cérébral pendant une journée de chasse.[2] Si l'on peut se fier à ce qui se dit, c'était un musicien de Blues mort heureux et respecté. [3]

Hurt ne faisait pas partie de ces Bluesmen qui ont renforcé la réputation du Blues comme étant la musique du diable. Tous ont décrit Hurt comme un homme gentil et doux. Stephen Grossman l'a décrit comme « le grand-père que nous aimerions tous avoir ».[4] L'une de ses amies du Nord-Est, Holly Ochs, l'a décrit dans des termes très différents de ceux que nous avons tendance à associer aux Bluesmen. Alors qu'il séjournait avec Holly et son mari Max à New York à l'époque où il jouait des spectacles dans le Nord-Est, elle raconte : « Même si nous nous réveillions tôt le dimanche, John se levait encore plus tôt, et assis sur une chaise près du fenêtre, vêtu de ses plus beaux habits du dimanche, il lisait la Bible. »[5] Bien qu'il ne soit pas célèbre pour être un passionné d'église et qu'il était un gros buveur, on pensait qu'il disait ses prières tous les soirs. Il aurait également dit à son neveu : « Ne laisse jamais personne te dire que Dieu n'existe pas. »[6]

Son mélange de Blues, de folk et de gospel a touché une corde sensible lors du renouveau du Blues des années 1960. À cette époque, Hurt était le plus recherché de tous les premiers groupes de Blues. David Evans, le biographe du Blues, a précisé : « Franchement, il n'y avait tout simplement pas beaucoup d'intérêt pour... aucun des artistes de Blues, à l'exception de Mississippi John Hurt. »[7] Dick Waterman, un revivaliste du Blues bien connu qui avait redécouvert divers musiciens de Blues et qui avait également réservé les spectacles de Hurt par l'intermédiaire de la société - nommée d'après la ville natale de Hurt- Avalon avait également remarqué que les spectacles de Hurt rapportaient de l'argent. Et pas ceux avec Skip James.[8] Les commentaires de la fille de Hurt à propos de ses performances chez lui relatent un sentiment apparemment partagé par de nombreuses personnes du circuit universitaire et des festivals de Blues au cours des dernières années de sa vie : « En regardant papa John jouer de sa guitare, j'ai souvent pensé qu'il y avait quelque chose de magique chez lui lorsque ses doigts effleuraient doucement les cordes. »[9]

Chaque artiste est le produit d'un lieu et d'une époque. Mississippi John Hurt, comme le souligne son nom d'émission, était un produit du Mississippi, plus précisément d'Avalon, une petite ville qui possédait un magasin général, un bureau de poste et une gare ferroviaire du « Yazoo and Mississippi Valley Railway. » Aujourd'hui, la ville de sa naissance n'a véritablement qu'une seule chose intéressante : l'ancienne maison de Mississippi John Hurt, un musée qui présente occasionnellement des spectacles de Blues.

Hurt est né le 8 mars 1892 (ou plus tard selon certains documents publics). Il était le dernier d'une famille de dix enfants. En 1901, lorsqu'il a reçut sa première guitare, il n'y avait rien d'officiellement connu sous le nom de « Blues ». Hurt a appris ses premières chansons à la guitare auprès d'un Afro-Américain d'Avalon, William Henry Carson, que Hurt a décrit comme un « finger picker ».[10] Outre l'influence directe de Carson, dont on sait peu de choses, les premières influences musicales de Hurt provenaient de la musique des spectacles de minstrels et de groupes itinérants, ainsi que des interactions avec des musiciens blancs près d'Avalon. Il a indiqué que les premières chansons qu'il avait apprises étaient « Hop Joint » et « Good Morning Miss Carrie ». Il a finalement enregistré ces deux chansons, qui étaient des chansons bien connues de ragtime ou de « coon » (le nom péjoratif associé aux chansons populaires dans les spectacles de minstrels). Ces chansons présentent une alternance de basses et de rythmes syncopés typiques du travail de Hurt. Une grande partie de la musique que Hurt a apprise remonte au 19ème. siècle: «

Frankie », « Stack O'Lee Blues », « Funky Butt », « Hot Time in the Old Town Tonight ». "Frankie" est basé sur un incident célèbre survenu en 1890 au cours duquel Frankie Baker a tué Allen Bitt, un pianiste de ragtime dans un bar de St. Louis. Comme « Frankie », « Stack O'Lee » était également basé sur un incident bien connu dans un bar, survenu en 1895, même si l'histoire a finalement pris des dimensions mythiques. Stack O'Lee implique également un meurtre. Stack tue un homme qui lui a volé son chapeau Stetson et il a été finalement pendu pour ce crime et d'autres. Il y avait différentes versions de ces chansons écrites par des musiciens blancs et noirs.[11]

De nombreux biographes du Blues soulignent que H.C. Speir a demandé aux artistes Afro-Américains d'enregistrer leurs propres chansons de Blues, ce qui constituait une règle empirique et non une politique obligatoire, comme l'attestent les enregistrements de Hurt avec Speir. En effet, selon l'étude de Newman I. White, du moins en tant que norme économique, il s'agissait peut-être d'une règle assez vague : plus de 25 % des chansons enregistrées par des artistes noirs qu'il avait échantillonnées avaient été écrites par des Blancs. [12] Bien que son échantillonnage puisse fausser les choses, le fait est que la musique traditionnelle blanche américaine a été enregistrée par certains artistes de Blues. Hurt est l'un des musiciens de Blues qui incarne le mieux l'intersection des influences blanches et noires qui sont entrées dans ce qui a été classé comme Blues.

Alors que Hurt était connu dans le renouveau du Blues pour le country Blues, peu d'artistes de country Blues font resortir le problème de classification des genres aussi clairement que lui. Paul Garon suggère que Hurt, comme d'autres artistes qui ont joué des chansons folkloriques traditionnelles, est plutôt caractérisé comme « chanteur », de tout ceux qui ne sont devenus que plus tard des artistes de Blues. En effet, aux yeux de Garon, Hurt faisait du Blues mais il était surtout un chanteur.[13] Il affiche en tout cas le caractère énigmatique que revêt parfois la classification des genres musicaux. Tout au long de sa vie, Hurt a signifié sa passion à la fois pour la chanson traditionnelle et pour les auteurs-compositeurs blancs. Dans sa vie d'avant, il a joué de la musique avec de nombreux musiciens blancs, dont Doc Boggs, un musicien blanc influencé par le Blues.[14] À ses débuts à Avalon, il a joué des danses avec le violoniste blanc Willie Narmour, qui s'est lancé dans une carrière d'enregistrement et qui a recommandé également Hurt à Okeh Records en 1928. Plus tard dans sa vie, il a fait comprendre qu'il admirait beaucoup Jimmie Rodgers, un goût qu'il partageait avec de nombreux autres joueurs de Blues.[15]

Les seuls premiers enregistrements de Hurt avant sa « redécouverte » ont eu lieu avec le label Okeh en 1928. Les enregistrements comprenaient de nombreuses chansons folkloriques traditionnelles, dont « Frankie » et « Stack O'Lee ». Hurt a donné à ces chansons sa touche personnelle. Cependant, comme ce fut le cas pour Hurt et quelques autres, la musique était classée comme Blues principalement parce qu'elle avait été enregistrée par un musicien noir pour un label de musique noire. Dans de nombreux cas, la classification des premiers genres de Blues avait autant à voir avec le marketing qu'avec le style musical.

La musique de Hurt a eu une petite diffusion sur le label Okeh, mais aucune des chansons n'a été un succès et on ne lui a pas demandé d'enregistrer à nouveau. La Grande Dépression a probablement joué son rôle. C'est arrivé juste après la sortie du disque de Hurt. Au début des années 1930, tous les grands labels avaient fait faillite, à l'exception de Victor et Columbia (dont Okeh était un sous-label). Les labels restés en activité ont réduit le nombre d'artistes qu'ils produisaient.

Le phénomène bien connu, c'est que pendant la Grande Dépression, les Afro-Américains ont été les premiers á être virés et les derniers embauchés. Cela s'appliquait également au secteur du disque. Pendant la Grande Dépression, le chômage des Noirs était deux à trois fois plus élevé que celui des Blancs. Dans ce contexte, peu de gens avaient de l'argent pour acheter des disques. Les records des rente ont chuté, passant d'environ cinq pour cent des ventes totales de disques en 1927 à un pour cent en 1931.[16] Au moment du renouveau du Blues dans les années 1960, Hurt était á peine connu. Il jouait rarement de la musique et quand il le faisait, ses spectacles étaient peu fréquentés. Bien après que sa carrière d'enregistrement ait semblé terminée, personne n'aurait deviné que l'obscur musicien d'Avalon serait la seule raison pour laquelle la ville figurerait sur la carte d'ici l'an 2000 ou encore qu'il y aurait un musée pour honorer sa contribution à la musique Américaine.

Les efforts déployés au début des années 1960 par quelques habitants blancs du Nord-Est, de plus en plus fascinés par les 78 tours de vieux musiciens de country Blues comme Hurt, ont joué un rôle déterminant dans la résurgence de Hurt. Quelques disques comprenant du Blues traditionnel sont sortis au début des années 1950 et dans les années 1960. Harry Smith a publié une Anthologie de la musique folk américaine en 1952, dont « Frankie » et « Spike Driver Blues » de John Hurt. Cela a facilité la redécouverte de Hurt par les collectionneurs de disques des années 1960 comme Dick Spottswood, qui a joué un rôle déterminant dans la recherche des premiers artistes de Blues. [17] L'engouement britannique pour le skiffle a également conduit certains artistes à enregistrer des chansons pour lesquelles Hurt était connu : « John Henry » et « Stack O'Lee ». Alors que la résurgence du Blues arrivait, celui de Tom Hoskin a joué un rôle particulièrement déterminant dans la carrière ultérieure de Hurt, puis dans son héritage.

La population blanche, largement instruite dans le nord-est des États-Unis et qui était à l'origine du regain d'intérêt national pour le Blues, avait souvent des ambitions politiques assez explicites. Comme John Hammond et les premiers spécialistes de la Renaissance de Harlem, de nombreux revivalistes du Blues pensaient que la promotion des artistes noirs pouvait contribuer à modifier la dynamique raciale aux États-Unis. Une partie de l'attrait du Blues traditionnel a donc été rattrapée par la politique dynamique des années 1960. Pourtant, même si c'était vrai pour les amateurs de Blues blancs, bon nombre de joueurs de Blues, élevés dans un Sud très dangereux et très conflictuel sur le plan racial, étaient tout sauf explicitement politiques. Hurt a fourni un exemple presque exemplaire. Il n'a presque jamais abordé le sujet de la politique.

La réticence de Hurt à parler de politique peut refléter le fait qu'il considérait que maintenir la paix et s'entendre avec les autres était aussi récompensé par une attitude polie et évitant la controverse. Le biographe de Hurt, Philip Ratcliffe, a en tout cas parlé avec justesse de « son ferme engagement à éviter d'offenser les gens ».[18] Il ne se souciait pas non plus de parler de sa musique en termes philosophiques ou métaphysiques—peut-être pour des raisons similaires. Par exemple, en 1966, lorsqu'on lui a demandé de parler de Blues lors d'un atelier à l'Université de Cincinnati, il a simplement répondu : « Je laisserai ma musique parler d'elle-même ce soir. » Il a ensuite commencé à jouer une chanson.

Plus spécifiquement en matière de politique, Ratcliffe raconte également que « si un si un fait raciste survenait ou si le sujet des droits civiques était abordé, John montrait une certaine attention, mais ne s'impliquait jamais dans aucune discussion. »[19] Le commentaire le plus percutant sur la politique qu'il aurait dit s'est produit au plus fort du mouvement des droits civiques, lorsque, lors de discussions sur le mouvement du Dr Martin Luther King, Hurt a déclaré : « Les poules rentrent au poulailler pour se percher. »[20]

Ce qui équivant à semé. Ces réactions sont tout à fait compréhensibles compte tenu du contexte socio-politique du

Sud de l'époque. Même en 1962, dans le Mississippi, pas plus de 6,7 % des Afro-Américains n'étaient inscrits sur les listes électorales.[21] Le Mississippi avait réussi à légiférer en faveur de la ségrégation même après l'affaire de la Cour suprême « Brown contre le ministère de l'Éducation ». Exprimant le point de vue de nombreux Mississippiens blancs, le gouverneur de l'Alabama, George Wallace, avait, dans son discours inaugural, décrit la « tyrannie » des droits civiques, suggérant, dans une logique véritablement faussée que préserver la ségrégation, c'était préserver la liberté. « Au nom du plus grand peuple qui ait jamais foulé cette terre, je trace la ligne dans la poussière et je jette le gant aux pieds de la tyrannie, et je déclare la ségrégation maintenant, la ségrégation demain, la ségrégation pour toujours. »[22]

Le racisme dans le Sud profond était littéralement terrifiant et a eu l'effet souhaité d'intimider les Noirs américains pour qu'ils restent à l'écart de la politique et adoptent une position déférente envers les Blancs. À seulement six miles d'Avalon, où Hurt avait passé presque toute sa vie, s'est produite le célèbre cas d'Emmett Till en 1955. Le meurtre tragique de Till s'est produit à Money, dans le Mississippi, où la petite-fille de Hurt était allée à l'école. Là, avec des amis devant un magasin, Till aurait sifflé la propriétaire du magasin. Les garçons blancs locaux ont été indignés par l'impertinence affichée de Till et l'ont enlevé dans la cabane de son oncle et voisin. Ils l'ont battu, lui ont tiré dessus et ont jeté son corps dans la rivière Tallahatchie. Un jury composé uniquement de blancs ensuite déclaré les assaillants blancs innocents. L'affaire a indigné la nation. Mais c'était comme d'habitude dans le Mississippi. C'est dans ce contexte que Hurt a développé la soumission comme mécanisme d'adaptation.

Bien que Hurt n'ait pas discuté de ses opinions politiques dans les interviews, il a joué de nombreuses chansons, comme « John Henry », qui sont devenues importantes dans le cadre du renouveau folk et du mouvement des droits civiques. Ces chansons exprimaient les difficultés communes de l'époque qui étaient pertinentes pour les communautés noires. Sa chanson « Pay Day », enregistrée sur l'album accompagnant ce livre, offre un autre exemple d'histoire politique au sens large, mais sans s'engager explicitement dans la politique. [23] Il souligne les difficultés économiques et relationnelles courantes dans les zones rurales du Sud et amplifiées par les réalités politiques.

La chanson thématise une difficulté particulière dans une relation, exacerbée par la pauvreté, alors que le musicien attend son « jour de paie » pour pouvoir se soulager du fardeau d'une relation brisée et ramener sa partenaire à sa mère : « J'ai fait tout ce que je pouvais, mais je ne peux pas m'entendre avec toi. Je vais te ramener chez ta mère, le jour de ma paie. » Le refrain répète simplement que l'auteur emmènera sa partenaire chez sa mère le jour de paie. Apparemment, l'auteur de la chanson n'a pas les moyens de mettre fin à cette mauvaise relation en ayant la décence de ramener sa partenaire dans sa famille—du moins pas jusqu'à ce que son prochain règlement n'arrive. La chanson mentionne divers épisodes pendant lesquels le protagoniste attend son salaire, puis ramène enfin sa compagne dans sa maison familiale. Le deuxième verset suggère un malaise économique accentué par une autre bouche à nourrir. Pour beaucoup de gens dans l'Amérique rurale noire et blanche des années 1920 et 1930, la chasse et la pêche complétaient le salaire, permettant aux gens d'avoir de la nourriture sur la table. Pour avoir de la viande pour les repas, il fallait chasser pour l'obtenir et pour cela il fallait compter sur un chien de chasse. Hurt chante son manque de chien : Un lapin qui montre son nez pourrait constituer un repas satisfaisant, mais comme il n'a pas de chien de chasse, il s'enfuit. Hurt revient alors à nouveau au sujet central de l'attente du jour de paie pour résoudre son conflit relationnel.

Le dernier couplet de la chanson raconte les difficultés qui continuent d'arriver une fois que l'auteur a été payé et qu'il peut ramener sa partenaire chez elle. La situation reste pleine de dangers à une époque où le harcèlement policier fondé sur la race était normal et où il existait encore de nombreuses « villes avec couvre feu au coucher du soleil », l'avec des municipalités qui ne permettaient pas aux Afro-Américains de sortir après la tombée de la nuit. Des villes nanties de ce genre d'ordonnances ont existé jusque dans les années 1960, lorsque les lois fédérales de déségrégation les ont finalement interdites. Comme l'exprime la chanson de Hurt : le protagoniste de la chanson est en fuite avec des meutes dans son dos, mais il arrivera à sa « baraque » avant le lever du jour. Le jour de paie n'apporte pas le soulagement total souhaité, mais entraîne un nouveau type de danger. Le retour de sa partenaire entraîne de nouveaux risques pour l'auteur, alors qu'il fait face à un dangereux voyage de retour. La chanson raconte une triste ironie : le protagoniste de la chanson n'a pas les moyens d'acheter un chien de chasse pour l'aider à attraper un lapin pour son repas, tandis que ceux qui poursuivaient les hommes noirs à travers les villages de campagne avaient leurs meutes de chiens de chasse dresser à cet effet.

Hurt, en bon homme d'État du Blues, a inspiré des générations de joueurs de country Blues blancs qui ont trouvé une grande résonance dans les chansons folkloriques traditionnelles jouées avec sa touche « Bluesy ». Il incarnait en fait bon nombre des traits de gentleman qui, selon les partisans de la Renaissance de Harlem, comme Du Bois et Locke, contribueraient à réhabiliter les idées racistes de la culture blanche dominante d'Amérique. Paradoxalement, bien que Hurt ait évité les incursions explicites dans les discussions politiques, sa musique a été reprise par un mouvement politique dans les années 1960 et au-delà. D'une manière subtile, à l'image des percées de personnalités culturelles de premier plan comme Jackie Robinson, Hurt, comme d'autres artistes de Blues, a également joué un certain rôle dans le changement des sensibilités politiques raciales en Amérique.

Notes de fin

[1] Philippe Ratcliffe, Mississippi John blessé. Sa vie, son époque, son Blues (Jackson : Presses de l'Université du Mississippi, 2012), 180.

[2] Ratcliffe, 196.

[3] Ratcliffe, 201.

[4] Ratcliffe, 161.

[5] Ratcliffe, 168.

[6] Ratcliffe, 201.
[7] Ratcliffe, 172.
[8] Ratcliffe, 172.
[9] Ratcliffe, 193.
[10] Ratcliffe, 16 et suiv.
[11] Ratcliffe, 21 et suiv.
[12] Ratcliffe, 28 ans.
[13] Paul Garon, Le Blues et l'esprit poétique (San Francisco : City Lights Books, 1996), 22 et suiv.
[14] Ratcliffe, 159.
[15] Ratcliffe, 57 ans.
[16] Ratcliffe, 71 ans.
[17] Ratcliffe, 117.
[18] Ratcliffe, 165.
[19] Ratcliffe, 180.
[20] Ratcliffe, 180.
[21] Ratcliffe, 115.
[22] Qt. à Ratcliffe, 164.
[23] John Hurt, « Jour de paie », Vanguard, 1966.

Skip James

Chapitre 6 : Skip James

(9 juin 1902 - 3 octobre 1969)

Contrairement à Mississippi John Hurt, Skip James ressentait un conflit important entre ses convictions religieuses et le style de vie où le menait la musique Blues. Sur son lit de mort, James a promis à Dieu qu'il abandonnerait le Blues s'il était autorisé à vivre. « S'il plaît au Seigneur de me rétablir la santé, je ne me consacrerai plus du tout au Blues », aurait-il déclaré.[1] Il luttait contre le cancer des testicules depuis le renouveau de sa reconnaissance par les revivalistes populaires, cinq ans avant sa mort, en 1964. Il avait maintenant atteint sa phase finale. De son côté, James était persuadé qu'il était victime d'une malédiction envoyée par une amoureuse négligée et qu'il était puni par Dieu.

En même temps, James pensait que le moment de sa mort était hors de contrôle. Il avait foi dans le prédéterminisme biblique, qui, expliquait-il, impliquait que « tu auras ce qui est prévu pour toi quoique tu fasses ».[2] En face de la fin de sa vie, il pensait que lorsque Jésus déciderait de lui ôter la vie, alors Jésus le ferait.[3] Pourtant, sa meilleure chance de retarder l'appel du Seigneur ne résidait pas dans la médecine occidentale mais chez les « chamans ». James était convaincu que sa maladie avait des origines surnaturelles et qu'elle ne pouvait donc pas être correctement diagnostiquée par les médecins occidentaux, qui de toute façon ne faisaient pas grand-chose pour améliorer son état de santé. En conséquence, après avoir déménagé dans le Nord-Est après avoir été reconnu, il a cherché un chaman à Washington D.C. qui, pensait-il, lui avait proposé le meilleur remède qui puisse exister à son « sortilège de mort. »[4] Comme le dit James : « En ce qui concerne ma santé, je veux trouver un bon herboriste, pas un médecin. Je ne veux voir aucun spécialiste. »[5] Aucun des deux types de médicaments ne l'a finalement sauvé.

Les opinions religieuses pratiques de James, comme celles de nombreux artistes de Blues, mélangeaient le christianisme avec diverses pratiques religieuses africaines ou populaires qui étaient devenues clandestines lorsque les anciens esclaves étaient forcés de se convertir au christianisme. De telles pratiques d' «imposture», comme celles des herboristes ou des chamans, existaient bien sûr dans les traditions européennes et amérindiennes sous d'autres noms. Celles-ci sont restées très vivantes dans l'expérience Afro-Américaine, comme dans les poches du christianisme rural blanc.

La méfiance de James à l'égard de l'establishment médical occidental n'est guère surprenante étant donné le traitement inégal des Afro-Américains dans le système médical. Même au moment de la mort de James, les expériences honteuses de Tuskegee sur la syphilis étaient toujours en cours. Dans ces expériences, des hommes noirs infectés par la syphilis étaient étudiés à mesure que leur maladie progressait. Le scandale n'avait pas de fait que l'étude s'est poursuivie pendant des décennies après que la pénicilline ait été disponible, ce qui aurait pu sauver la vie de nombreux participants. La nouvelle de cette étude n'a été portée à l'attention du public qu'en 1972, bien après la mort de James. Mais les conditions dans lesquelles les expériences ont été possibles ont contribué à la méfiance de James et d'autres membres des communautés noires américaines à l'égard de la médecine occidentale. De plus, à cette époque, le cancer était généralement une condamnation à mort, car peu de connaissances existaient sur la manière de le traiter. Ces facteurs contribuent à expliquer l'appel aux « remèdes d'autrefois ». Pour sa part, James ne considérait pas ces pratiques comme étant simplement ou essentiellement d'origine africaine. Il parle des « médecins indiens », vénérant leurs pratiques : « On n'entendait presque jamais parler d'un Indien gravement malade autrefois, car ils utilisaient des remèdes d'antan. »[6] James croyait simplement qu'il existait des voyants proposant des remèdes à certaines maladies dont l'origine « dépassait la compréhension » des médecins occidentaux.

Jusqu'à sa mort, James était un homme de foi déclaré, même s'il avait le sentiment d'avoir passé une grande partie de sa vie à rétrograder. Il avait explicitement embrassé le christianisme après avoir rencontré son père pour la première fois à l'âge de 28 ans. Son père, qui était parti quand James était enfant, était devenu prédicateur et avait ouvert un séminaire à Dallas. Il est revenu rencontrer son fils juste après les premiers enregistrements de James. À cette époque, il suppliait son fils d'abandonner le Blues et d'embrasser la religion. Le jeune James retourna finalement avec son père à Dallas pour étudier au séminaire de son père pendant trois ans. Pendant un certain temps, il prêcha, mais seulement de manière informelle. Son travail principal auprès de son père était celui de pianiste et bien que son père lui ait demandé d'abandonner « la musique du diable » et le style de vie qui l'accompagne, James ne l'a jamais fait. En effet, même pendant ses études au séminaire, il gagnait sa vie en arnaquant au billard et, pendant une partie de son temps, il était soutenu par une prostituée. Néanmoins, tout au long de sa vie, il a continué à faire de pieuses professions de foi.

Conformément à sa foi, James cultivait souvent l'apparence extérieure d'un homme de piété. Il a donné des interviews, par exemple dans « Special Rider Blues » , au sujet du choix de certains paroles, sur les orientations piétistes. Bien que beaucoup aient utilisé l'euphémisme de « rider » , cavalier, pour désigner un partenaire sexuel, James a déclaré qu'il avait choisi son vocabulaire afin d'éviter de parler explicitement de sexe, pensant que les références explicites au sexe pourraient avoir une influence corruptrice sur les jeunes. Des choix comme celui-ci montrent à quel point sa propre image de piété était teintée par les sensibilités morales inversées généralement acceptées par la religion méthodiste de son époque et de son lieu. Il prenait soin de dissimuler toute insinuation sexuelle, mais pouvait néanmoins chanter la violence sans aucune préoccupation morale. Comme il le chante dans « 22-20 Blues » : « Et parfois si elle devient indisciplinée, et si elle agit comme si elle ne voulait tout simplement pas, j'ai mon 22-20, je coupe cette femme en deux. »[7]

La phrase de l'auteur selon laquelle il « coupera cette femme en deux » se retrouve dans de nombreuses chansons. Robert Johnson répète les paroles dans son « 32-20 Blues », inspiré de la chanson de James.[8] Et même si n'importe quel artiste pouvait mettre en chanson un personnage violent pour exprimer une dimension de l'expérience de la vie, la célébration lyrique de la violence par James dans 22-20 Blues ne faisait pas simplement partie d'un personnage scénique. James a combattu pendant une grande partie de sa vie et portait un pistolet, mais pas un 22-20 car cette arme précise n'existait pas. Il a reconnu avoir tué au moins un homme dans sa vie. Son travail dans des milieux violents, parfois comme proxénète et contrebandier, a sûrement exacerbé ce besoin de protection mortelle. Mais cette séquence de violence n'était pas simplement due à ces circonstances. Jusqu'à la fin de sa vie, il a aussi menacé de tuer la femme qui, selon lui, lui avait lancé une malédiction mortelle.

En général, James transmettait des opinions largement répandues sur la religion et le Blues chez de nombreux Noirs américains du sud. Stephen Calt, le seul biographe majeur de James, décrit une partie des allers-venues de James avec la religion comme liés à ses épisodes d'alcoolisme. Comme le dit Calt : « Sur le plan pratique, l'Église a agi comme une clinique de sevrage pour lui. »[9] Mais malgré les doutes continus de James à propos du Blues et de son style de vie de Bluesman, il ne parvenait pas à se convaincre d'abandonner le Blues, même sous la menace que cela pourrait non seulement conduire à sa mort, mais encore compromettre sa position dans l'au-delà.

James avait envisagé cette possibilité. Comme il l'a dit un jour : « Si je vais en enfer, je n'y serai pas seul. »[10]

Le diable occupait une place importante dans l'esprit de James. Dans l'une de ses chansons les plus célèbres, « Devil Got My Woman », enregistrée sur le disque assorti, il crée une chanson traditionnelle sur la perte d'amour dans un cadre métaphysique, décrivant ses tendances profondément fondamentalistes.[11] Comme beaucoup de chansons de Blues des années 1920 et 30, cette chanson mélange des paroles uniques avec des paroles standards. Les premières lignes sont de James. Il « préférerait être le diable plutôt que d'être l'homme de cette femme ». Malgré le message plutôt clair de ces lignes, indiquant que James ne veut plus être avec le personnage féminin de la chanson, la chanson dépeint un esprit en proie à des conflits. Le chanteur raconte avoir des inquiétudes concernant les pensées de ce personnage féminin. La chanson parle d'un amour perdu. Pourtant, James ne considère pas la victoire ni la perte de son aimée sur un plan simplement humain, mais plutôt comme s'il s'agissait d'une lutte métaphysique. Dans la description que James fait de cette chanson dans ses interviews autobiographiques, il affirme que les paroles sont basées sur une histoire vraie. Pourtant, il raconte l'histoire à contre-courant d'une interprétation du monde totalement imprégnée de mythes.[12]

Dans des interviews, James raconte les croyances littérales bibliques qui éclairaient sa compréhension de la chanson. Semblables aux histoires décrites par John Milton, poète du 17ème siècle, James croyait que Satan avait été autrefois l'un des bons anges de Dieu, mais qu'il s'était rebellé et avait donc été condamné avec les autres anges rebelles. Comme le raconte James : « Il vit en enfer, et c'est là qu'il a son rôle. Et c'est là que Satan se promène sur la terre, dans les entrailles, pour persuader les gens. »[13] Dans ce contexte, la lecture que fait James de la trahison de sa partenaire à son égard n'est pas métaphorique. James ne se contente pas de théoriser qu'il a eu une relation tragique avec une femme, mais il la diabolise littéralement. «J'ai rencontre [sic] une compagne qui était trop querelleuse, indisciplinée et difficile à vivre. Je viens de la comparer au diable, à l'une de ses loges. Depuis ça, je lui ai rendue, et je lui ai juste fait savoir que je préférerais être le diable lui-même plutôt que d'être son homme, parce qu'elle était si querelleuse que je ne pouvais en aucun cas m'entendre avec elle. »[14]

Pourtant, les paroles dépeignent le trouble de James à propos de sa relation. James semble vouloir et ne pas vouloir son ancien partenaire. Le diable, affirme-t-il, a fait changer d'avis sa femme, la poussant à trahir l'auteur de la chanson. Mais James n'espère alors ni son exorcisme ni son retour. Ce serait évidemment trop espérer. Comme il le dit dans son interview, il « vient de la lui rendre[au diable] ». Au fur et à mesure que ses paroles continuent, il répète qu'il préférerait être le diable lui-même plutôt que d'être l'homme de cette femme. Les paroles montrent un homme contrarié par des problèmes de logique. James suggère ici une akrasie, une volonté déchirée impliquant de vouloir et ne pas vouloir simultanément quelque chose. C'est aussi comme les raisins trop verts. Puisqu'il ne peut pas avoir ce qu'il veut, dans un certain sens, il se convainc qu'il n'en veut pas de toute façon. De plus, il se convainc que ce qu'il voulait est mauvais.

Après ses premiers couplets originaux, dans le couplet final, James fait ce que lui et de nombreux autres artistes de Blues font dans leur écriture de chansons : il ajoute un couplet du répertoire de Blues standard que les musiciens de Blues ont copié les uns des autres comme ils pourraient copier les tours de guitare. Le dernier « Come Into My Kitchen » de Robert Johnson n'est qu'une des nombreuses chansons qui utilisent le couplet que James utilise ici sur le fait de voler une femme à un autre, pour ensuite se la faire voler de retour.[15] Mais les dernières lignes ne font qu'approfondir l'incohérence des sensibilités véhiculées par James. L'homme qui est parti avec sa femme, comme le note le verset standard du Blues, « a eu de la chance ». Puisque James a déjà raconté qu'il « préférerait être le diable » plutôt que d'être avec cette femme, on peut se demander si l'homme qui s'est retrouvé avec elle a, lui, eu cette chance après tout. C'est l'histoire d'une perte d'amour et de raisins trop verts, interprétée dans un contexte où les actions se déroulent dans un monde imprégné d'autres mondes. James, comme beaucoup d'autres ayant grandi dans les églises du sud du pays, ne voit pas l'imagerie religieuse comme simplement métaphorique.

Bien que James ne soit généralement pas l'un des musiciens de Blues soupçonnés d'avoir conclu un marché Faustien, Calt suppose que James aurait pu croire qu'il en avait un. Il spécule également qu'il aurait pu être recherché pour un crime passible de la peine capitale. Comme James l'a dit à Calt dans l'une de leurs dernières conversations : « Il y a beaucoup de choses que je ne t'ai jamais dites. Il y a beaucoup de choses que tu ne sais pas sur moi.... Je t'ai nourri avec du lait pour bébé ».[16] Cela a laissé le principal biographe de James sentir qu'il ne savait pas grand-chose sur son sujet et spéculer sur ce qu'il ne savait peut-être pas. Ce que nous savons de James, c'est que son mode de vie ne se concentrait pas sur la culture de son âme éternelle comme font les hommes d'Église. Il a passé beaucoup de temps à essayer de gagner sa vie sans aucun scrupule sur la façon dont il y parvenait.

Quant à sa vision de la musique Blues : le Blues n'était pas un outil pour la politique ni un outil pour sa religion. Il l'a en partie continué pour de l'argent. Mais ce n'était clairement pas son seul attrait. Il souligne à quel point il a trouvé cela personnellement émouvant. Dans des interviews, il raconte que déjà, à l'âge de neuf ans, il s'éloignait de chez lui pour écouter de la musique, principalement de la country ou du jazz. Mais il raconte que cette musique ne l'a pas beaucoup ému. « J'ai décidé que si jamais je voulais me mettre à la musique, j'essaierais de jouer quelque chose d'aussi solitaire que possible, pour essayer de faire de l'effet. Et aussi pour apaiser l'esprit de ceux qui ont des problèmes. Bien sûr, je n'avais pas entendu parler de Blues à l'époque, mais j'ai décidé que je préférerais surtout quelque chose comme le Blues. »[17] Ici, nous voyons déjà le point de vue de James selon lequel la musique a un effet cathartique, apaisant l'esprit troublé. Comme il le raconte ailleurs : « Le Blues n'est rien d'autre qu'un état d'insatisfaction: tu te sens inquiet et pas content. Et parfois, il faut le Blues pour te satisfaire. ›› [18]

La musique rend service comme une sorte de thérapie dans un monde où « on ne peut trouver aucun paradis, peu importe où l'on va », comme le chante James dans « Hard Time Killing Floor Blues », une chanson interprétée sur l'album accompagnant ce livre. La musique offre un répit à la douleur ou un moyen de surmonter le désespoir. « J'ai toujours préféré le Blues... dans la musique—j'ai toujours été un Bluesman depuis que je suis enfant. »[19] James oppose le Blues à la musique d'église et la musique classique. Il parle de la possibilité pour un esprit de « revivre » et fait remarquer ce qu'il considère comme une tendance spirituelle de la musique à inciter l'individu à « se réjouir », à « danser » ou à « être sociable ». Mais musicalement et peut-être dans sa spiritualité quotidienne (au sens large), James n'avait pas tant besoin d'être ranimé mais plutôt d'être ému comme le Blues l'émouvait. Le Blues ne fonctionne pas fondamentalement pour une renaissance à soi. « Il y a un sentiment différent dans le Blues », explique-t-il. « Le Blues est quelque chose de plutôt triste. Quand le Blues vous prend, c'est triste. Cela vous donne l'impression d'être triste, trompé et maltraité. ›› [20] James souligne l'effet transformateur de la musique.

Au final, James s'est livré à une musique qu'il considérait comme un baume pour peut-être permettre à ceux qui l'écoutent de ressentir et de partager la même tristesse que l'artiste qui l'a écrite et chantée. Dans ses interviews, il parle de gens d'églises (qu'il appelle des « saints ») qui ont tenté de nier l'intérêt pour le Blues et qui ont publiquement rejeté le Blues comme la musique du diable. Mais il aborde l'idée de jouer de la musique pour ce genre de lieu saint en disant : « Dès que je joue du Blues, eh bien, ça va faire de l'effet. Pourquoi? Parce que ça pénètre plus profondément dans l'esprit des gens. Tu dis par exemple ceci : si toi et ta compagne avez eu un petit travers, ou si quelque chose est survenu entre vous, ton esprit est un peu troublé en pensant à la façon dont tu as été traité. Tu peux penser à l'affection que tu as envers elle et que tu lui as montrée, et ce qui t'a un peu blessé. Alors, si je jouais du jazz ça ne produirait aucun effet. Je jouerais un morceau classique, cela n'attirerait même pas ton attention. Je pourrais jouer un spirituel et tu ne l'écouterais pas. Mais je pourrais juste adopter un ton de Blues, et cela produirait un tel effet que tu te sentirais différent. »[21]

Le Blues avait le pouvoir de le faire « se sentir différent ». Le Blues l'a en effet poussé à devenir un guitariste, pianiste et musicien singulier. Sa musique est marquée par un caractère pensif et étrange. James est connu comme l'instigateur du son Bentonia—sombre, effrayant et réfléchi—ce rendu étant dû, dans le cas de James, en partie à l'accordage en ré mineur de sa guitare dans de nombreuses chansons, mais aussi par les paroles sombres. Les accordages non standard étaient courants dans le Blues. C'est l'une des caractéristiques majeures du son de James. Mais ses paroles ne sont pas non plus spécifiques du genre. En entendant James, on peut en effet se demander à quel point il a été précurseur du son que Handy, le premier leader et compositeur d'un groupe de Blues, a décrit comme le plaçant dans sa carrière de « père du Blues » autoproclamé. Handy a décrit les premiers Blues qu'il a entendus comme étranges et obsédants.[22] Le chroniqueur de musique ancienne Charles Peabody a également décrit son expérience de la musique rurale noire au début du 20ème siècle de la même manière, disant à propos de sa première rencontre avec le Blues ou le précurseur du Blues : « Je n'ai plus jamais entendu ce genre ».[23] Le son de James, avec ses accords alternatifs et sa voix de ténor distinctive, a laissé à beaucoup un sentiment étrange similaire. Son sujet traite de nombreux thèmes courants du Blues, mais il y a aussi quelque chose de poétique et de distinctif dans sa musique qui manque dans une grande partie du Blues. Comme *New York Times* critique Robert Shelton le décrivait en 1966 : « James est presque le poète insaisissable du Blues ».[24] C'est évident dans une grande partie de sa musique. "Hard Time Killin' Floor Blues", en particulier, est l'une des chansons de Blues emblématiques de l'Amérique de l'époque de la Grande Dépression qui a contribué à cette évaluation de James.[25]

Cette chanson, sortie chez Paramount Records en 1931, dresse un sombre tableau de l'époque. James, qui a connu de nombreux moments difficiles, décrit des moments qui sont pourtant « plus difficiles qu'ils ne l'ont jamais été auparavant ». Depuis la fin de la période d'esclavage des Noirs américains, le taux de chômage parmi les Afro-Américains a toujours été élevé et les conditions de travail difficiles. Au début des années 1900, pendant la Grande Dépression, les conditions de travail de nombreux Afro-Américains étaient misérables. Pourtant, la

Grande Dépression a encore aggravé la situation. La musique envoûtante de James témoigne de la gravité de la situation, déjà apparente en 1931. Le deuxième couplet de la chanson met en lumière le manque de logement qui accompagnait le chômage. James chante les gens « à la dérive », soulignant que peu importe vers où les gens se tournaient, ils « ne trouvaient pas le paradis ». L'esprit du Blues n'est pas du genre à pousser à l'attente du paradis, ni à anticiper un lieu ou un état au-delà du conflit où la tristesse et la souffrance sont éternellement mises de côté. Cette expression du désir d'une résolution définitive des problèmes de la vie était le domaine des chanteurs de spirituals. Dans le sud de l'Amérique des années 1930, sujet sur lequel chante James, les Noirs ne trouvent certainement pas le paradis, et ce n'est pas le Blues qui en indique un.

Comme le protagoniste de la chanson, les individus pour lesquels James chante sont coincés sur le « plancher de la mort ». La référence au « killing floor » est bien sûr métaphorique, avec un sens assez clair, mais elle faisait traditionnellement référence aux abattoirs de Chicago où les Afro-Américains ne recevaient que les emplois les plus dégradants. Dans cette chanson, ce n'est pas le bétail qui est abattu. Comme le suggère la dernière ligne de la chanson : « ces moments trop pénibles vont te tuer, ils vont t'y amener tout doucement. » La lamentation dans la version de James suggère des conditions infernales—l'antipode des espoirs célestes. Pourtant, les paroles de James laissent entrevoir une légère lueur d'espoir pour un changement. James ne chante cependant pas avec optimisme ce qui se produira quand il quittera « the killin' floor », cette vie difficile, mais seulement si cela lui arrive. Et même s'il échappe à ce Blues meurtrier, James n'ose qu'espérer « ne plus jamais descendre aussi bas ». On ne rêve pas de ne pas sombrer, et encore moins de « s'élever » vers la gloire céleste comme on pourrait le trouver dans une vie spirituelle. Mais il faut garder l'espoir de ne pas retomber si bas, si bas que la mort vous appelle à l'abattoir, au « killin' floor ».

La chanson témoigne du style général concernant l'écriture de James. Les paroles et la musique sont pensives, envoûtantes. L'enregistrement original de cette chanson, comme « Devil Got My Woman », a été publié par Paramount en 1931. Cependant, étant donné que peu de gens avaient de l'argent pour acheter des disques pendant la Grande Dépression, James a souffert du sort de la plupart des musiciens de l'époque : ses disques se sont mal vendus. Il n'a donc obtenu ni la notoriété ni l'argent qu'il espérait. En fait, Paramount, qui avait auparavant vendu entre 10 000 et 100 000 exemplaires d'enregistrement de disques, en vendait rarement 500 après le début de la Grande Dépression.[26] Le label a fait faillite peu de temps après ces enregistrements. Après cela, James a quasiment fait une pause d'environ 30 ans dans la musique Blues professionnelle, jusqu'à ce qu'il soit redécouvert dans le cadre du renouveau du folk et du Blues des années 1960. Peter Guralnick raconte la réponse de James à la question de savoir pourquoi il a arrêté de jouer : « J'étais tellement déçu.Comment ne pas l'être ? J'ai fait vingt six prestations pour Paramount à Grafton, Wisconsin. Je n'ai été payé que 40 $. C'est nul. Tu ne serais pas déçu toi ? » [27]

James est revenu au Blues en partie avec l'espoir de bénéficier de certains avantages économiques. Mais comme l'indiquent ses déclarations sur son lit de mort et de nombreuses conversations documentées de cette période, il continuait à se sentir mal à l'aise face au Blues et à la vie du Blues. Et bien malheureusement, cette renaissance ne lui a pas apporté l'avantage économique qu'il espérait. Bien qu'il ait joué au festival Newport Folk quelques semaines après avoir été redécouvert, les retombées économiques de cette renaissance ont été insignifiantes. Il est devenu une voix importante et quelque peu unique dans le renouveau du Blues des années 1960, mais Guralnick raconte qu'il jouait encore essentiellement devant des foules de 20 à 30 personnes, parfois moins. En fait, il ne pouvait pas gagner sa vie en tant que musicien, même à cette époque. C'est cependant au cours de cette période de renouveau que James a laissé sa plus grande impression sur la culture américaine.

Le fondamentalisme de James l'empêchait de se consacrer entièrement au Blues, mais il ne pouvait pas non plus s'en éloigner. Il reconnaissait de manière pragmatique que le Blues pouvait toucher les gens d'une manière unique, pour leur permettre de surmonter la douleur qui est tout simplement inévitable de la vie. Même s'il n'a jamais été capable intellectuellement d'affirmer que le Blues était fondamental pour sa propre libération mentale ou spirituelle, il n'a pas non plus pu le laisser de côté.

Le philosophe Friedrich Nietzsche est célèbre pour avoir critiqué le christianisme parce qu'il nie la vie et pour avoir soutenu que si l'on affirme réellement la vie, il faut affirmer sa douleur et son plaisir, et non de se perdre dans une illusion d'un au-delà où tous les conflits prennent fin et où la douleur disparaît. Nietzsche a également soutenu que la musique nous offre la plus grande possibilité de surmonter une telle douleur existentielle. Cela nous permet de transformer la souffrance et les conflits en beauté.[28] James était capable, comme Nietzsche, de voir cette valeur dans la musique, notamment dans le Blues. Il y voyait un moyen de faire face à la douleur et de la supporter. En effet, James suggère qu'il voit dans le Blues une dimension spirituelle du monde qui entre en conflit avec sa vision fondamentaliste dominante. En fin de compte, malgré la puissance expressive de la musique à laquelle James a consacré une grande partie de sa vie, il n'a pas réussi à séparer la musique Blues du « style de vie Blues », et il a toujours considéré le choix du Blues comme un retour en arrière. Pourtant, malgré les expressions théoriques de sa foi fondamentaliste tout au long de sa vie, la promesse religieuse d'un paradis où il n'y aurait plus de conflit n'était pas suffisante pour répondre aux besoins réels de la souffrance de James, comme le faisaient le Blues et l'automédication. James est mort Bluesman, en conflit avec son amour pour une musique spirituellement émouvante qu'il trouvait à certains égards salvatrice, qu'il n'a pas su résoudre avec son piétisme chrétien et sa vision d'une vie future où toute douleur était résolue et tout conflit apaisé.

Notes de fin

[1] Stephen Calt, *I'd Rather Be the Devil. Skip James and the Blues* (Chicago: Chicago Review Press, 2008), 245.

[2] Calt, 178.

[3]Calt, 16.

[4] Calt, 16.

[5] Nehemiah "Skip" James, *Blues & the Soul of Man* (Stefan Grossman's Guitar Workshop, Inc., 2019), 39

[6] James, 39.

[7]Nehemiah "Skip" James, "22-20 Blues," Paramount Records, 1931.

[8]Robert Johnson, "32-20 Blues," Vocalion, 1927.

[9] Calt, 183.

[10] Calt, 347.

[11] Nehemiah "Skip" James, "Devil Got My Woman," Paramount, 1931.

[12] See James, 23 ff.

[13] James, 23.

[14] James, 23.

[15] Robert Johnson, "Come On In My Kitchen," Vocalion, July, 1937.

[16] Calt, 355.

[17] James, 29.

[18] James, 29.

[19] James, 29.

[20] James, 29.

[21] James, 30.

[22] Handy, p. 77.

[23] Ted Gioia, *Delta Blues. The Life and Times of the Mississippi Masters Who Revolutionized American Music* (New York: Norton), 2008, 228.

[24]Calt, 293.

[25] Nehemiah "Skip" James, "Hard Time Killing Floor Blues," Paramount, 1931.

[26]Calt, 136.

[27]Peter Guralnick, *Looking to Get Lost. Adventures in Music & Writing* (New York: Little Brown and Company, 2020), 20.

[28] Friedrich Nietzsche, *The Birth of Tragedy*, edited by Michael Tanner, translated by Shaun Whiteside (London: Penguin Books, 1993).

Robert Petway

Chapitre 7: Robert Petway

(vers 1903, décès inconnu, après 1941)

On sait peu de choses sur Robert Petway. On pense qu'il est né près de Yazoo City, dans le Mississippi, vers 1907. Le biographe du Blues et théoricien musical, Ted Gioia, note qu'un certificat de décès de la sécurité sociale indique l'anniversaire d'un certain Robert Petway, le 18 octobre 1907, et un décès survenu à Chicago en 1978. Cependant la date de naissance ne correspond pas à la date de naissance de Robert Petway selon le recensement du comté de Leflore de 1920, la région où Petway vivait à cette époque. Comme pour de nombreux artistes de Blues, il y a des parties de la vie de Petway qui restent énigmatiques.

Jeune homme, Petway jouait de la musique dans la région de Greenwood, dans le Mississippi, et il travaillait souvent avec Tommy McClennan. David Edwards a décrit leur relation de cette manière : « [McClennan] et Robert Petway avaient le même style parce qu'ils jouaient ensemble tout le temps... Ils dialoguaient musicalement. Parfois, Tommy était seul et quand il avait un assez gros contrat, il allait chercher Robert. ››[1] Comme McClennan, Petway jouait d'une guitare à corps en acier et chantait d'une voix lourde.

Honeyboy Edwards a raconté que Petway s'est marié deux ou trois fois avant de déménager à Chicago. On dit qu'il aimait les femmes pieuses et qu'il jouait parfois dans les églises. Mais comme de nombreux artistes de Blues, il était dans une position mitigée et contradictoire vis à vis du Blues et de la religion. Il a eu des périodes de ferveur religieuse, puis il s'en est retiré. Gioia remarque que sa conversion lors de cette première période n'a pas duré longtemps. Il a recommencé à « jouer du Blues, à boire du whisky et à jouer aux cartes ».[2]

Au début des années 40, Petway s'est rendu à Chicago, comme McClennan. Il y a enregistré 16 chansons de Blues avec Bluebird Records, publiées en 1941 et 1942. Celles-ci sont devenues son héritage. Le plus célèbre de ces enregistrements était « Catfish Blues », une chanson aux origines énigmatiques qui allait devenir extrêmement influente. La chanson existait avant que Petway ne l'enregistre. Tommy McClennan et Skip James étaient connus pour en avoir joué des versions. En fait, McClennan a enregistré une version à peu près en même temps que Petway, intitulée « Deep Blue Sea Blues » qui présentait quelques différences lyriques par rapport à la chanson de Petway. Puisqu'il avait été le premier à enregistrer la chanson, on considérait généralement Petway comme en étant le compositeur. Son enregistrement a connu un succès modeste avant d'être éclipsé par la version ultérieure de la version de Muddy Waters; Waters l'ayant renommée « Rolling Stone » [3]

Bien que l'on sache peu de choses sur la chanson traditionnelle d'avant Petway, des éléments du « Catfish Blues » existaient à partir d'un enregistrement de 1928 de « Jim Jackson's Kansas City Blues » par Vocalion.[4] Les premiers mots de la chanson sont dans la chanson de Jackson. « J'aurais aimé être un poisson-chat nageant dans la mer ; J'aurais eu une femme bien qui essaierait de m'attraper » Les parties 1 et 2 de la chanson de Jackson se sont apparemment vendues à un million d'exemplaires, ce qui en fait l'un des premiers disques d'or jamais réalisés. Cependant, les vers sur le poisson-chat sont inclus dans la partie 3, qui a eu beaucoup moins de succès. Il y a eu différentes versions de « Kansas City Blues » omettant les vers sur le poisson-chat qui ont suivi celle de Jackson. Mais la phrase sur le poisson-chat a été incluse dans l'enregistrement influent de William Harris en 1928. Pour sa part, Jackson avait joué dans le circuit des « spectacles de médecine » où la chanson avait peut-être été entendue avec ces paroles dès 1919.[5] Musicalement, la chanson de Jackson diffère de celle de Petway, mais elle a une guitare bourdonnante répétitive similaire.

L'enregistrement de la chanson par Petway est caractérisé par un bourdonnement rythmique lourd, battant une ligne de basse alternée et répétitive. Les voix de « Rolling Stone » de Muddy Waters et « Voodoo Chile » de Waters et de Jimi Hendrix ont un air de famille avec la phrase vocale de la version de Petway, mais les parties de guitare de chacun d'eux sont considérablement développées à partir de ce que l'on trouve sur la version de Petway, sur le premier enregistrement.

La chanson de Petway rassemble des paroles standards qui ne forment pas un récit cohérent. Dans le premier couplet, un homme veut s'allonger pour se reposer, puis il décide d'aller se promener dans l'Ouest, une phrase reprise bien connue dans de nombreuses chansons de Blues, dont « Devil Got My Woman » de Skip James. Dans le deuxième couplet, le protagoniste souhaite être un poisson-chat que les femmes tenteraient d'attraper. Les insinuations sexuelles sont assez claires. Il imagine ce que ce serait d'être celui qui est pêché. Le troisième verset offre quelque chose de non-séquentiel. Il raconte que l'auteur se rend dans une église où il tombe à genoux mais il découvre qu'il n'a pas de mots à offrir en guise de prière. Dans le dernier couplet, l'auteur se réjouit de penser à écrire agréablement à son « bébé », qui pense à son « p'tit vieux, comme elle m'appelle ». Ici, l'auteur est celui qui part à la pêche, et le voyage est complet. La version de Muddy Waters supprime le premier couplet de la chanson de Petway et ajoute de nombreux couplets différents après un couplet qui se rapproche du deuxième couplet de la version de Petway. Dans la version de Waters, le protagoniste du Blues raconte l'histoire de sa mère disant à son père : « J'ai un petit garçon qui va naître, il va être une petite pierre qui roule. » L'innocence de l'enregistrement de Petway est également perdue lorsque Waters incorpore une réplique de la version de la chanson de Tommy McClennan de 1941. L'homme qui est en train de devenir l'amant est invité à entrer dans la maison pour une liaison visiblement après le départ du mari de cette femme. Selon les mots précis de McLennan : « Entre maintenant, mon mari vient de partir. »[6]

Plus de deux cents versions de la chanson ont été rapportées.[7] La version de Waters était son premier enregistrement pour Chess Records et s'est vendue à environ 70 000 exemplaires. Il le présentait seul sur une guitare électrique. Il a retravaillé la chanson en 1951 pour en faire

« Still a Fool ». Cet enregistrement comprenait une grosse caisse, jouée par Leonard Chess, et une deuxième guitare, jouée par Little Walter, ainsi que des variations dans les paroles.[8] Dans de nombreux enregistrements live, Waters a mélangé les paroles des deux chansons. Diverses versions de la chanson ont également été enregistrées au moment de la sortie de Waters. Bob Thomas en fit une version en 1951 avec Sonny Boy Williamson II à l'harmonica. Il a été enregistré avec Lillian McClennan, l'épouse du premier partenaire musical de Petway. Cette chanson est initialement sortie avec trompette. Lillian a également enregistré plus tard une variation avec Elmore James. James ne voulait apparemment pas enregistrer la chanson, mais McClennan l'a enregistrée avec Sonny Boy Williamson II à la harpe Blues pendant qu'ils s'entraînaient en studio. Il a été publié comme la face B du single « Dust My Broom » d'Elmore James, qui figurait dans le top dix des charts R&B en 1952.[9]

Larry Johnson a enregistré une version de la chanson sortie en 1962 ou 1967 qui présente de grandes similitudes musicales et lyriques avec la version ultérieure influente de Muddy Water. Mager Johnson, le frère de Tommy Johnson, qui, selon Ishmon Bracey et Roosevelt Holts, était un meilleur guitariste que son frère, a sorti des enregistrements de la chanson en 1966 et 1969. »[10] Comme la plupart des versions postérieures à l'enregistrement de Muddy Waters, elle présente également des similitudes plus précises avec l'interprétation de Muddy Waters. La version de Muddy Waters inspire également, au niveau des paroles, la version de

Jimi Hendrix d'une chanson de « Voodoo Chile ». La version de Muddy Waters et le nouveau titre (« Rolling Stone ») ont également inspiré le nom du groupe de rock britannique qui, en recherche de nom original, aurait regardé le titre de la chanson d'un album de Muddy Waters et en aurait tiré le nom de leur groupe. La chanson nouvellement nommée est devenue plus associée à ce groupe qu'à tout ce qui l'avait précédée.

Notes de fin

[1] Paul Oliver, *The Story of the Blues* (Boston: Northeastern U P, 1997), 141ff.

[2] Ted Gioia, *Delta Blues* (New York: Norton & Company, 2009), 212.

[3] "The Obscure Origins of a Blues Classic, Catfish," www.knkx.org/jazz-and-Blues/2013-07-19/obscure-origins-of-a-Blues-classic-catfish-Blues, accessed April 24, 2024.

[4] Jim Jackson, "Jim Jackson's Kansas City Blues, Part 3," Vocalion, 1928.

[5] McKinley Morgenfield, "Rolling Stone," Chess Records, 1950.

[6] Robert Petway, "Catfish Blues," Bluebird Records, 1941. Petway's version is not precisely duplicated on the accompanying album. There I also make up one verse. Cp. Muddy Waters "Rolling Stone" (noted above) and Tommy McLennan, "Deep Blue Sea Blues," Bluebird Records, 1941.

[7] Herzhaft, Gerard (1992). "Catfish Blues." *Encyclopedia of the Blues*. Fayetteville, Arkansas: University of Arkansas Press, p. 442, https://archive.org/details/encyclopediaofblooherzh/page/442, accessed June 21, 2024.

[8] Robert Gordon, *Can't Be Satisfied. The Life and Times of Muddy Waters* (New York: Little Brown and Company, 2002).

[9] Robert Palmer, *Deep Blues* (New York: Viking Press, 1981), 214. For further comments, see Max Haymes, "Catfish Blues (Origins of a Blues)," https://earlyBlues.com/essay_catfish.htm, accessed July 16, 2023.

[10] David Evans, *Big Road Blues*, 220.

Robert Petway

Chapitre 8: Lightnin' Hopkins

(15 mars 1912 - 30 janvier 1982)

Lightnin' Hopkins parlait presque plus philosophiquement du Blues que tous les autres artistes du Blues. Il décrit souvent le Blues comme une condition existentielle.

> Quand tu es né sur cette terre, tu es né avec le Blues. L'inquiétude c'est le Blues. Le tracas c'est le Blues. Les problèmes c'est le Blues. Tu peux avoir le Blues parce que tu es fauché, ou parce que ta compagne t'a quitté. Tu peux avoir le Blues pour tellement de raisons différentes que c'est dur à expliquer. Mais quand tu as le sentiment d'être triste, tu peux dire au monde pourri tout entier que tout ce que tu as, c'est le Blues. [1]

Dans des entretiens de Folkways de 1964 avec Sam Charters, publiés sous le titre Ma vie dans le Blues, Hopkins souligne que le Blues est un sentiment de tristesse qui peut être provoqué par des conditions particulières et qui peut être atténué ou disparaître : « Le Blues c'est un état d'âme. Tu peux être heureux. Les gens te diront que tu ne peux pas avoir le Blues si tu es heureux... Mais comme tu le dis toi-même, il suffit que tu perdes quelque chose ou bien que ta femme ou ta compagne te quitte, ou encore, par exemple, que tu aies envie d'un nouveau costume et tu n'aies pas l'argent pour te l'acheter... c'est ça le Blues, mon gars... Un problème, et c'est le Blues. Et quand tu es tracassé tu n'as qu'à le dire au reste du monde : J'ai le Blues' ».[2]

Dans ses déclarations sur le Blues, prises dans leur ensemble, nous voyons qu'il traite le Blues tantôt comme existentiel, tantôt comme né de circonstances personnelles, et tantôt comme une forme musicale. Au cours des citations de ses interviews, il suggère également la nécessité d'énoncer le fait que vous avez le Blues. Comme l'illustrent les citations ci-dessus : « Allez dire au reste du monde », « J'ai le Blues », ou « vas dire au monde pourri tout entier que tout ce que tu as c'est le Blues. » Hopkins suggère le pouvoir de la musique Blues et le pouvoir de l'énonciation selon laquelle on possède le Blues pour effacer le Blues (compris comme un sentiment de chagrin). Jouer du Blues et parler du Blues permet de vaincre le Blues. Pourtant, il semble juste de déduire du commentaire de Hopkins selon lequel nous devons exprimer notre Blues à un « monde pourri » et que nous ne laisserons pas définitivement le Blues derrière nous. Hopkins apparaît plutôt nietzschéen dans son évaluation selon laquelle, au niveau existentiel, certaines souffrances et certaines tristesses persisteront ou réapparaîtront.

Dans les interviews de Folkways, Hopkins raconte certains détails de son parcours personnel qui ont créé le contexte de son propre Blues. Parmi ces facteurs contributifs, il raconte que son père avait tué un homme et purgé une peine de prison. Peu de temps après sa sortie, alors que Sam n'avait que trois ans, son père a été tué. Sam a alors grandi dans des circonstances économiques difficiles, et dans un contexte accompagné de violence. Un de ses frères a également été tué, alors qu'il n'avait que 17 ans. Ce sont ces situations qui ont contribué à son Blues; et il s'est tourné vers la musique très tôt dans sa vie, peut-être comme une manière cathartique de faire face à de telles difficultés—en supposant que ses premières motivations à faire de la musique soient similaires à ses motivations ultérieures. Comme il l'a dit : « J'ai composé des chansons toute ma vie, depuis l'âge de huit ans, quand je me suis lancé tout seul. »[3]

Pour le jeune Hopkins, faire de la musique lui a peut-être permis de surmonter certaines difficultés personnelles. Cela lui a également permis d'éviter les travaux des champs dans lesquels beaucoup de gens autour de lui travaillaient dur. Cependant, cela ne l'a pas empêché d'avoir des ennuis. Au début de sa vie, il a souvent eu des démêlés avec la justice. Comme il l'a signalé lors des premières interviews, « j'ai fait partie de gangs à quatre reprises ».[4] Un incident s'est produit lors d'une bagarre au cours de laquelle il a encouragé son cousin à « ignorer » un gars contre lequel ils se battaient, ce que son cousin a fait. Il a continué à avoir des ennuis et, au moins au début, a été relativement endurci face aux punitions. Il raconte : « La prison ne signifiait rien pour moi à l'époque. Vous pouviez m'y mettre tous les jours. »[5] Hopkins avait vécu une vie difficile et mouvementée dès son plus jeune âge. Il a grandi rapidement, comme l'indique clairement sa phrase selon laquelle « il sortait seul » à l'âge de huit ans. Alors qu'il était encore adolescent, il avait travaillé dans une ferme, voyagé dans certaines régions du Texas, travaillé comme musicien de rue et avait été emprisonné. Il s'est marié à l'âge de 16 ans. Depuis tout ce temps, il avait un caractère violent et se retrouvait souvent impliqué dans des bagarres. La rumeur dit qu'il aurait poignardé Ida Mae Gardener, avec qui il entretenait une relation.[6] Mais il a finalement réussi à éviter en grande partie ce genre de problèmes. La musique lui a ouvert un autre monde.

Dans les interviews de Folkways, Hopkins raconte des histoires de sa vie d'enfant où il a entendu pour la première fois de la musique Blues et a appris à en jouer. L'une de ses premières expositions à la musique Blues a eu lieu grâce à Albert Hawley, un joueur de Blues qui est sorti avec sa mère quand Sam avait sept ans. Hopkins raconte que Hawley était assis sur le bord du lit, jouant de la guitare. Des guitaristes solos comme Hawley ont été sa source d'inspiration originale.

Puis dans l'entretien avec Folkways, il évoque deux autres expériences particulièrement formatrices. La première c'est après avoir eu une guitare pendant un certain temps et avoir vu Blind Lemon Jefferson, le premier artiste de country Blues texan à connaître un grand succès national avec des enregistrements de Blues. L'histoire souvent racontée est que le jeune Sam jouait quelques notes sur une guitare lorsque Blind Lemon l'entendit. Bien que Blind Lemon ait d'abord été irrité, lorsqu'il a entendu ce jeune garçon jouer à sa façon, il lui est devenu sympathique. La foule a ensuite tourné son attention vers le jeune garçon et l'a félicité. L'autre expérience clé a eu lieu lorsqu'il avait 20 ans et qu'il a rencontré Texas Alexander, qui, selon lui, était son cousin. Texas Alexander, bien qu'il ne soit pas aussi connu que Blind Lemon, fut un autre des premiers artistes d'enregistrement de country Blues connus à l'échelle nationale. Comme l'explique Hopkins,

Alexander apportait une guitare pour que les autres puissent jouer alors qu'il les accompagnait en tant que chanteur. Ce qui a particulièrement impressionné Hopkins en tant que jeune homme, ce n'était pas seulement la vie de musicien, mais aussi le fait que Texas Alexander pouvait s'offrir une Cadillac. Dans le contexte des difficultés économiques rencontrées par Hopkins, ce succès économique a été une source d'inspiration. Rejoindre la route avec Texas Alexander a fourni à Hopkins l'une de ses premières opportunités musicales. Il n'a cessé de travailler comme accompagnateur de Texas Alexander qu'à la fin des années 1930.[7]

Hopkins est né en 1912 à Centerville, au Texas. Contrairement à la plupart des artistes de country Blues présents sur l'album qui accompagne ce récit, il est d'abord devenu reconnu à l'échelle nationale comme l'un des premiers guitaristes de Blues électrique. Au cours des années 40 et 50, il réalise de nombreux enregistrements avec guitare électrique. En effet, sa vaste discographie, répertoriée dans le livre d'Alan Govenar Lightnin' Hopkins, sa vie et son Blues, montre que depuis ses premiers enregistrements en 1946 jusqu'en 1954, seuls 3 enregistrements sur ses 31 sessions d'enregistrement étaient avec une guitare acoustique.

Cependant, lorsqu'il a été « redécouvert » lors du renouveau folk par Charters et McCormick, il a été poussé à jouer davantage de guitare acoustique. Lorsque Charters a rencontré Hopkins, Hopkins avait mis en gage tous ses instruments. Charters a donc dû lui en acheter un ; et malgré la préférence de Hopkins pour une guitare électrique, Charters lui a acheté une acoustique.[8] Cela a ouvert la voie à une trajectoire différente dans son développement, puisqu'il a continué à réaliser de nombreux excellents disques de Blues acoustique en plus des premiers disques électriques. Le choix d'une guitare acoustique était dû au fait que Charters envisageait de lâcher Hopkins sur une scène folk, avec de nombreux puristes qui ne voulaient pas entendre de guitare électrique. Même des années après la redécouverte de Hopkins, certains membres de cette scène folk se lamentaient à l'idée que Bob Dylan jouait de la guitare électrique au festival Folk de Newport. En fait, lors du célèbre festival de 1965, lorsque Dylan est passé à l'électrique, Hopkins jouait de la guitare acoustique. Les hostilités entre puristes du folk et fans de guitare électrique lors de ce festival étaient si explosives que le manager de Dylan, Albert Grossman, s'est battu avec Alan Lomax à propos de la décision de Dylan d'opter pour le son électrique. À cette époque, Hopkins avait depuis longtemps répondu aux souhaits de ce genre de puristes lorsqu'ils jouaient dans ces salles, en dépit de ses propres instincts musicaux contradictoires. À long terme, la capacité de Hopkins à relier les mondes musicaux acoustique et électrique, qui dans une certaine mesure se chevauchaient, avec les plus urbains et les plus campagnards, est devenu l'une de plus grands charmes.

Donc, bien avant que Hopkins ne passe à l'électrique, il jouait de la guitare acoustique avec Texas Alexander au début des années 1920. À cette époque, les guitaristes étaient encore fortement influencés par les styles musicaux régionaux puisqu'il n'existait pas encore beaucoup d'enregistrements nationaux sur lesquels s'appuyer. Pourtant, même si Hopkins a été influencé par des musiciens de la première tradition texane, ses premiers enregistrements, en 1946, ont eu lieu environ 20 ans après les sorties de Blind Lemon Jefferson et Texas Alexander avec Lonnie Johnson. À cette époque, il existait peut-être des différences régionales persistantes dans les styles musicaux, mais Hopkins avait également subi de nombreuses influences nationales. Il les a mélangées dans un mélange musical unique. Au cours de sa carrière d'enregistrement, il est devenu une force à part entière, avec une influence considérable. Comme le dit Jimmy Vaughan : « Je ne pense pas qu'il puisse y avoir une B.B. King, ou un Buddy Guy, ou Jimi Hendrix, ou un Stevie Ray Vaughan sans Lightnin' Hopkins. B.B. King a une estimation similaire, déclarant que sans Lightnin' Hopkins—« le Blues n'aurait jamais été ce qu'il est devenu . . . C'était un grand musicien. Il n'a pas jeté de la poudre aux yeux. Il l'a juste véra. »[9]

L'une des choses les plus impressionnantes chez Hopkins est le volume de sa production. La discographie de Govenar couvre plus de 45 pages. Une telle productivité était en partie due au fait que Hopkins ignorait délibérement les contrats des maisons de disques. Comme le note Govenar, à différents moments de sa vie, « il enregistrait pour quiconque lui donnait cent dollars par chanson ».[10] Il a enregistré de nombreux Blues de base, souvent avec son empreinte tant musicale que lyrique. Il composait aussi souvent des paroles de Blues sur place, en utilisant dans de nombreux cas des phrases traditionnelles comme points d'ancrage, comme c'était courant dans la tradition.

La musique de Hopkins traitait d'un large éventail de thèmes. Dans « Shinin' Moon », une chanson du disque qui l'accompagne, il chante une liaison.[11] Il a enregistré de nombreuses versions de la chanson, avec des paroles variant quelque peu selon les différentes versions. Les différentes interprétations des deux premiers versets étaient mineures. Mais un dernier verset était parfois complètement modifié. Le premier de ces enregistrements eut lieu en 1947 avec Gold Star. Dans les premières phrases, l'auteur patiente au clair de lune, devant la fenêtre de son aimée. Dans le deuxième couplet, il la regarde secrètement. Hopkins chante le personnage qui se dirige vers la fenêtre sur la pointe des pieds pour regarder son aimée dormir. Son excitation est palpable, car sa vue suffit à lui donner envie de « sauter... par le trou de la serrure de sa porte », une insinuation sexuelle assez claire. Dans le troisième couplet, le protagoniste souhaite que son amoureuse vienne à la fenêtre pour qu'il puisse lui « murmurer » des mots que « Je ne veux pas que ton homme entende ». La suggestion d'une liaison ici est déjà assez claire, mais dans l'enregistrement de Hopkins de 1960, la suggestion est encore plus claire. Comme le chante Hopkins dans cette version, « Chaque soir, à l'aube, tu sais que ta maison est heureuse lorsque ton chéri est parti. » Nous assistons ici à une inversion des valeurs traditionnelles. Le foyer heureux n'est pas celui où un couple marié célèbre son union mais où le mari ou le partenaire régulier est « parti » et où les rendez-vous clandestins des amoureux peuvent commencer. La chanson attire efficacement sur des images de la lune brillante, de la nuit, de l'aube naissante, en décrivant la préparation à l'acte d'infidélité conjugale.

« Jail House Blues » de Hopkins de 1949 était une interprétation d'une chanson de Bessie Smith, mais à laquelle Hopkins a ajouté son propre couplet final et a laissé tomber deux des siens.[12] L'ajout de Hopkins exprime une sensibilité qui différait de celle de son jeune moi, qui disait que la prison ne signifiait rien pour lui : « Hé, monsieur le geôlier », entonne Hopkins, « Voulez-vous s'il vous plaît, monsieur, apportez-moi la clé, je la veux juste pour ouvrir la porte, parce que ce n'est pas un endroit pour moi. » Hopkins répète cette dernière phrase dans sa chanson « I Worked Down on the Chain Gang ».[13]

Contrairement à « Shinin' Moon », dans « Jail House Blues » et à de nombreuses autres chansons, Hopkins chantait des sujets qui peuvent être considérés comme politiques au sens large, même si le buveur de whisky qui portait également une arme à feu n'était à l'image de personne. Il était un chanteur contestataire. Quoi qu'il en soit, nombre de ses chansons expriment des difficultés communes aux Noirs américains du milieu du XXe siècle. Son interprétation de « Backwater Blues », qui, comme « Jail House Blues », a été réalisée par Bessie Smith, est l'un des nombreux autres enregistrements décrivant des troubles particulièrement aigus pour les Afro-Américains. Hopkins a intitulé la chanson « That Mean Old Twister ».[14] Dans cette chanson, comme dans nombre de ses interprétations d'enregistrements de Blues antérieurs,

Hopkins arrange la chanson pour guitare et modifie certaines paroles. Entre autres choses, dans son enregistrement, il décrit non seulement une inondation, mais aussi une « tornade ». Les tornades sont un autre phénomène naturel, comme les inondations, qui font des ravages sans discernement. Pourtant, elles ont causé des souffrances particulièrement cruelles aux personnes marginalisées et généralement aux communautés Afro-Américaines pauvres, compte tenu de leur situation économique déjà précaire.

Le Dr Cecil Harold, directeur de Hopkins au cours de sa carrière ultérieure, a raconté que « Lightnin' pouvait mettre des mots sur l'humeur de la communauté noire. » [15] Il a souligné que cela était particulièrement vrai pour « une communauté noire qui a été particulièrement durement touchée par la Grande Dépression ».[16] La première chanson de Hopkins à figurer dans les charts nationaux démontre certainement cette compétence. Le 12 février 1949, « Tim Moore's Farm » atteint la 13e place du palmarès Billboard des chansons de juke-box les plus jouées pour les records de course. C'était une chanson traditionnelle protestant contre un propriétaire de plantation gratuitement cruel dans le comté de Grimes, au Texas. Le narrateur de la chanson déplore avoir déménagé dans la ferme de Tim Moore, mais « la seule chose... cet homme noir avait tort ». L'inhumanité de Tim Moore envers son travailleur est extrême. Au cours de l'histoire, le protagoniste reçoit un télégramme annonçant que sa femme est décédée, mais M. Moore s'en fiche. Plutôt que de permettre humainement au métayer de prendre le temps de pleurer et de s'occuper des affaires du décès de sa femme, il lui dit qu'il ferait mieux de terminer son travail des champs. Tout au long de la chanson, M. Moore ne tient pas compte de l'affliction du mari. Ce n'est que tard dans la chanson qu'il est suggéré que le protagoniste puisse enterrer sa femme, mais seulement au « moment du dîner ». L'état émotionnel du métayer et le besoin de s'occuper des affaires de sa femme et de sa famille ne préoccupent pas M. Moore, et l'enterrement n'aura pas lieu au moment prévu par M. Moore.[17]

Les paroles étaient malheureusement trop faciles à identifier pour les métayers—et autres travailleurs exploités –, même à la fin des années 1940. Peu d'autres succès de Hopkins sont aussi ouvertement politiques. « T Model Blues », qui était n°8 dans les charts R&B des juke-box le 8 octobre 1949, est une chanson pleine de double sens dans la même veine que « Phonograph Blues » de Robert Johnson. Alors que les courants sexuels sous-jacents de la chanson sont standards dans le Blues, l'auto-ironie de la chanson de Hopkins sur l'impuissance masculine place la chanson dans une classe différente de celle des plus machos « Hoochie Coochie Man » ou « Mannish Boy » qui deviennent des succès de guitare électrique pour Muddy Waters en quelques années, ou diverses autres chansons qui deviennent des tubes pour Hopkins.[18] La plupart des succès de Hopkins qui font suite à ces premiers tubes sont thématiquement plus standards tels que « Shotgun Blues » et « Little School Girl ».

Contrairement à John Lee Hooker et Muddy Waters, Hopkins a réussi à poursuivre sa carrière musicale pendant un certain temps sans faire de tournées. Mais au milieu des années 1950, Hopkins avait atteint le point culminant de sa première carrière de Blues électrique. Le rock'n'roll commençait à émerger comme un genre musical ayant plus de succès sur le plan commercial. Il n'a réalisé aucun enregistrement entre 1955 et 1959.

Ce n'est qu'avec l'émergence du renouveau folk que Hopkins retrouva une partie de son succès antérieur. Sam Charters' *Le Blues Country*, publié en 1959, a joué un rôle déterminant dans la réémergence de Hopkins, tout comme le travail déjà évoqué de McCormick. Le livre de Charters s'ouvre sur une représentation de Hopkins comme un chanteur brut d'une époque révolue. Comme il l'écrit à propos de Hopkins dans le dernier chapitre: « Lightnin', à sa manière, est un personnage magnifique. C'est l'un des derniers de son espèce, un homme solitaire et amer qui apporte au Blues l'intensité et la douleur des heures sous le soleil brûlant, grattant la terre, chantant pour faire passer le temps. »[19] Cette réintroduction de Hopkins présente des similitudes avec la réintroduction antérieure de Leadbelly par John Lomax à la fin des années 1940. Bien que les deux hommes aient derrière eux des années de carrière musicale en milieu urbain, ils étaient commercialisés comme musiciens de country Blues. Malgré le succès R&B déjà important de Hopkins et ses plus de 30 enregistrements avec guitare électrique destinés principalement à un public noir urbain, Hopkins est décrit comme « un véritable artiste folk » et un « pur country ».[20] Hopkins a facilement mélangé les mondes musicaux.

Plus facilement que de nombreux artistes de Blues, Hopkins a également mêlé d'autres mondes souvent culturellement divisés. Les opinions religieuses précises de Hopkins ne sont pas tout à fait claires. Mais contrairement à de nombreux artistes de Blues, il n'était pas hanté par un conflit interne entre ses idées religieuses, sa musique et son style de vie. Il parlait parfois du Blues comme d'une sorte de disposition spirituelle. Lorsqu'on lui a demandé ce qui le différenciait des autres, il a répondu : « Un Bluesman est tout simplement différent de tout autre homme qui marche sur cette terre. Le Blues est quelque chose avec lequel il est difficile de se familiariser. Tout comme la mort. Le Blues vous accompagne tous les jours et partout. » [21] Il considérait le Blues comme une sorte de disposition avec le style de vie qui l'accompagne, mais sans porter un jugement négatif dépréciant sa valeur.

Hopkins a vécu sa vie en vivant avec le Blues comme peu d'autres. Le 30 janvier 1982, il décède d'un cancer de l'œsophage à l'hôpital St. Joseph de Houston, au Texas. Il était l'homme qui avait un fusil de chasse chargé sur la banquette arrière de sa voiture, préférait le gin Gordon's et jouait du Blues comme personne avant lui. Il a été enterré à la chapelle de la maison funéraire Johnson au 2301 McGowen Street dans le troisième quartier de Houston, la région où il avait passé la majeure partie de sa vie d'adulte. Environ 1 000 personnes en deuil ont assisté à ses funérailles. Le service avait de la musique d'orgue; et Rocky Hill, un musicien de Houston qui jouait parfois avec Hopkins, a également joué une chanson de Blues standard et « Amazing Grace ». Le Blues lors des funérailles aurait gêné certains participants. Le fait que ce sentiment ait existé jusque dans les années 1980—et qu'il ait été exprimé lors des funérailles d'un maître du Blues—montre à quel point le mouvement puritain est resté fort au sein de la communauté qui a elle-même donné naissance au Blues.[22] Hopkins ne partageait pas ce sentiment.

Le chant occasionnel de chants religieux de Hopkins était un élément qui a porté sa fille à supposer qu'il était un croyant pieux. Il a en tout cas enregistré quelques bons morceaux de Blues religieux. « Got Nowhere to Lay My Head » est l'une des chansons les plus expressives de Hopkins dans le genre. Il commence la chanson en disant être à genoux. Au fur et à mesure que la chanson continue, il fait preuve de compassion pour certaines choses de sa vie, mais pas du genre à suggérer la nécessité d'abandonner le Blues. Il dit : « J'ai demandé au bon Dieu de me pardonner, oh Lightnin' ne fera plus tout ça. »[23] Puis, dans cet enregistrement, comme dans une grande partie de sa vie, il s'est penché sur sa guitare et a prononcé la prière d'un Bluesman.

Notes de fin

[1] Les Blanks, director, *The Blues According to Lightnin' Hopkins* (Les Blanks Films, 1970), qtd. in Alan Govenar, *Lightnin' Hopkins. His Life and Blues* (Chicago: Chicago Review Press, 2010), 12.

[2] Hopkins, *My Life in the Blues,* Prestige Records , LP 7370, 1964.

[3] *The Blues According to Lightnin' Hopkins*, also qtd. in Govenar, 12.

[4] *The Blues According to Lightnin' Hopkins,* also qtd. in Govenar, 13.

[5] *The Blues According to Lightnin' Hopkins,* also qtd. in Govenar, 13.

[6]Govenar, 15-18.

[7] Govenar, 30.

[8] Govenar, 74.

[9] *The Greatness of Lightning Hopkins*, compiled by Andria Rogavia, accessed 5/27/2024.

[10] Govenar, 135.

[11]Sam Hopkins, "Shinin' Moon," Gold Star 613/Modern 20-543, 1947. The version of this song on the album doesn't precisely duplicate Hopkins lyrics. Compare the 1960 recording with Bluesville, LP 1019.

[12] Sam Hopkins, "Jail House Blues," Gold Star 662/Sittin' In With 644, 1949.

[13] Govenar, 14.

[14] Lightnin' Hopkins recorded a version of Smith's song, retitled "That Mean Old Twister," 1946, Aladdin 167. Hopkins arranged the song for guitar and changed numerous of the lyrics.

[15] Qtd. in Govenar, 53.

[16] Qtd. in Govenar, 53.

[17] Sam Hopkins, "Tim Moore's Farm," Gold Star 640/Modern 20-673, 1949.

[18] Sam Hopkins, "T Model Blues," Gold Star 662/Sittin' In With 644, 1949.

[19] Sam Charters, *The Country Blues* (New York: Da Capo Press, 1975), 266.

[20] See Govenar, 83.

[21] Qtd. in Governar, 236.

[22]Governar, 226ff.

[23] Sam Hopkins, "Got Nowhere to Lay My Head," in *My Life in the Blues*, Prestige Records, LP 7370, 1964.

créer le Blues

Chapitre 9: Que Fait le Blues?

Bien qu'issu de l'histoire noire américaine, le Blues exprime en fin de compte des éléments de l'histoire humaine universelle—médiatisée par les particularités de l'époque et du lieu de son origine. Sur le plan thématique, les artistes de Blues chantent sur une gamme de sujets, dont beaucoup sont parmi ceux que les plus zélés des praticants noirs du début du 20e siècle trouvaient moralement troublants. En général, les artistes de Blues se sont inspirés de leurs difficultés personnelles pour donner une authenticité à leurs prestations du Blues. Mais ils étaient aussi des interprètes, qui exprimaient des idées qui ne se réduisent pas à l'autobiographie. En tant qu'auteurs-compositeurs et interprètes, les artistes de Blues expriment des idées avec lesquelles ils ne sont pas nécessairement d'accord. Ils assument diverses perspectives, les affichent et les représentent. De nombreux artistes ont représenté des points de vue contradictoires sur le même sujet. Ils jouaient avec des thèmes, puisant parfois dans un stock de phrases linguistiques et musicales communes, les amplifiant selon les besoins. Shakespeare aussi l'a fait, comme beaucoup d'autres artistes. Nous ne pouvons tout simplement pas faire correspondre les opinions d'un musicien avec les idées communiquées dans ses chansons, même s'il est l'auteur des paroles.

Les artistes interprètent le monde à travers des histoires. Ils partagent des expériences personnelles ainsi que des visions plus larges du monde avec leur public. Une partie de l'attrait des musiciens Afro-Américains—de la période dont provient la musique de l'album accompagnant le livre—réside précisément dans le fait qu'ils expriment des préoccupations communes, et transmettent des histoires liées à leur très large communauté Afro-Américaine d'origine. Beaucoup de membres de ces communautés se sentaient représentés dans la mesure où leurs histoires, leurs problèmes et leurs préoccupations similaires étaient exprimés. Bessie Smith incarne cet aspect de la performance du Blues, car elle donne la parole non seulement à ses préoccupations mais aussi à celles de sa communauté, en particulier les femmes. Sa célébrité s'est accrue particulièrement grâce au talent artistique qu'elle a perfectionné dans les spectacles de minstrels noirs et qui a fasciné le public tout en le divertissant. Mais la performance était aussi fondamentale pour les Bluesmen country mis en avant ici. Robert Johnson était un artiste incroyable, tout comme Lightnin' Hopkins. Eux, Skip James et les autres artistes évoqués dans ce livre et dont la musique figure sur l'album qui l'accompagne, ont tous chanté ce qui leur venait de leur expérience de la vie. Ça leur a permis de créer des œuvres d'art—des chansons qui expriment leurs points de vue et leurs expériences de la même manière que les artistes expriment ces choses—et d'une manière qui résonne avec ce qu'Amiri Baraka a appelé « le peuple du Blues ».

Les artistes de Blues se trouvaient souvent dans une position où il était difficile d'exprimer des critiques politiques explicites. Les artistes noirs avaient depuis longtemps appris à utiliser un langage voilé. Mais en racontant des histoires sur les malheurs économiques et personnels de leur propre vie et de celle de ceux qui les entourent, ces artistes ont contribué à créer une communauté. Ils ont créé un sentiment de fierté au sein de leur communauté et un sentiment d'être représentés parce qu'ils partageaient les histoires de cette communauté.

En outre, il y a une sorte de politique dans le rejet des éléments majeurs du système moral dominant, aussi faux soit-il souvent, et dans le fait que l'artiste trouve sa propre voix, racontant l'histoire plus large d'un peuple. Le Blues documente les expériences de vies largement partagées des communautés Afro-Américaines du début du 20ème siècle. Mais c'est aussi une forme musicale à portée universelle, en résonance avec une émotion qui fait également partie du stock commun de l'expérience humaine. Il y a quelque chose de spécifique dans beaucoup d'histoires du Blues ainsi que quelque chose d'universel.

Le Blues a également fourni—etie aux artists continue de leur fournir—aux artistes un moyen unique de surmonter leurs difficultés émotionnelles. Comme nous l'avons vu, bon nombre des premiers musiciens de Blues ont trouvé quelque chose de spirituellement épanouissant dans cette musique, qui a permis aux artistes et à leur public de transformer leur douleur et leur angoisse en beauté. Ils trouvèrent dans le Blues une sorte de baume cicatrisant.

Rares sont les intellectuels du début du 20ème siècle, blancs ou noirs, qui ont pu constater la grandeur d'esprit des simples musiciens country, souvent aux manières mal formées et aux douleurs non guéries qui affectaient leur expression et leur sensibilité morale ainsi que les rythmes de leur vie et de leur musique. En fin de compte, beaucoup de choses ont changé cela : le renouveau du Blues, la découverte des divers artistes du Blues par les groupes de rock'n'roll, l'incorporation du Blues dans les diverses formes connexes—du boogie Blues au jive Blues en passant par le rythme et le Blues. Le Blues, souvent brut et simple, qui s'est développé au début du 20ème siècle provenant des Afro-Américains, s'est nourri avec d'autres sources et a changé notre monde, musicalement et autrement. John Hammond et quelques intellectuels perspicaces comme Langston Hughes ont compris mieux que quiconque ce que le Blues engendrait. Il a démontré le génie d'un peuple rural et créé une forme d'art universel à partir d'histoires particulières. Il n'a pas enfoui sa douleur derrière des hymnes religieux, une fausse piété et des dogmes hérités, mais il a diffusé sa réalité, belle mais souvent malheureuse, reflétant en partie le monde brisé et accablé. Cela a cependant également transformé cette fracture sociale en chansons qui ont permis le développement personnel des artistes qui les ont créées, tout en donnant un sentiment de communauté à une minorité opprimée qui n'avait jamais entendu sa propre voix dans le cadre de la vie américaine dominante.

Références

Adorno, Theodor. *Minima Moralia: Reflections from Damaged Life*. Translated by E. F. N Jephcott. New York: Verso, 2005.

Albertson, Chris. *Bessie*. New Haven: Yale UP, 2003.

Baraka, Amiri. *Blues People: Negro Music in White America*. New York: Harper, 1999.

Blank, Les, director. *The Blues According to Lightnin' Hopkins*. Les Blank Films, 1970.

Calt, Stephen. *I'd Rather Be the Devil: Skip James and the Blues*. Chicago: Chicago Review Press, 2008.

Charters, Sam. *The Country Blues*. New York: Da Capo Press, 1975.

Conforth, Bruce M., and Gayle Dean Wardlow. *Up Jumped the Devil: The Real Life of Robert Johnson*. Chicago: Chicago Review Press, 2019.

Davis, Angela. *Blues Legacies and Black Feminism: Gertrude "Ma" Rainey, Bessie Smith and Billie Holiday*. New York: Vintage Books, 1998.

Du Bois, W.E.B. "Criteria of Negro Art." *The Crisis*, vol. 32, no. 6, 1926, pp. 290-297.

Evans, David. *Tommy Johnson*. Studio Vista, 1971.

---. *Big Road Blues*. New York: Da Capo Press, 1982.

Guralnick, Peter. *Looking to Get Lost. Adventures in Music & Writing*. New York: Little Brown and Company, 2020.

Garon, Paul. *Blues and the Poetic Spirit*. San Francisco: City Lights Books, 1996.

Gioia, Ted. *Delta Blues: The Life and Times of the Mississippi Masters Who Revolutionized American Music*. New York: Norton, 2008.

Gordon, Robert. *Can't Be Satisfied. The Life and Times of Muddy Waters*. New York: Little Brown and Company, 2002.

Govenar, Alan. *Lightnin' Hopkins: His Life and Blues*. Chicago: Chicago Review Press, 2010.

Handy, W. C. *Father of the Blues: An Autobiography*. New York: Da Capo Press, 1969.

Haymes, Max. "Catfish Blues (Origins of a Blues)," https://earlyBlues.com/essay_catfish.htm. Accessed July 16, 2023.

Herzhaft, Gerard (1992). "Catfish Blues." *Encyclopedia of the Blues*. Fayetteville, Arkansas: University of Arkansas Press. https://archive.org/details/encyclopediaofblooherzh/page/442. Accessed June 21, 2024.

Hyatt, Harry M. *Hoodoo—Conjuration—Witchcraft—Rootwork*, vol. 1. Western Publishing, 1970.

James, Nehemiah "Skip". *Blues & the Soul of Man*. Stefan Grossman's Guitar Workshop, Inc., 2019.

Keaveny, Richard. "Aesthetics and the Issue of Identity." *The Critical Pragmatism of Alain Locke*, edited by Leonard Harris, Latham, Maryland: Roman & Littlefield, 1999.

Levering Lewis, David. *W.E.B. Du Bois: A Biography*. New York: Henry Holt, 2009.

Levine, Lawrence W. *Black Culture and Black Consciousness: Afro-American Folk Thought From Slavery to Freedom*. Oxford: Oxford UP, 2007.

Lord, Albert B. *The Singer of Tales*. 3rd ed., Cambridge, Mass: Harvard UP, 2020.

Mahan, Maureen. "How Bessie Smith Influenced a Century of Blues Music." *National Public Radio*, https://www.npr.org/2019/08/05/747738120/how-bessie-smith-influenced-a-century-of-popular-music. Accessed 17 July 2023.

McCormick, Robert "Mack." *Biography of a Phantom. A Robert Johnson Blues Odyssey*. Washington, DC: Smithsonian Books, 2023.

Nietzsche, Friedrich. *The Birth of Tragedy*, edited by Michael Tanner, translated by Shaun Whiteside. London: Penguin Books, 1993.

Oakley, Giles. *The Devil's Music. A History of the Blues*, 2nd ed. London: Da Capo Press, 1983.

The Obscure Origins of a Blues Classic, Catfish," www.knkx.org/jazz-and-Blues/2013-07-19/obscure-origins-of-a-Blues-classic-catfish-Blues. Accessed April 24, 2024.

Ong, Walter. *Orality and Literacy*. 3rd ed., London: Routledge, 2012.

Oliver, Paul. *The Story of the Blues*. Boston: Northeastern UP, 1997.

Palmer, Robert. *Deep Blues*. New York: Viking Press, 1981.

Parry, Adam, editor. *The Making of Homeric Verse*. Oxford: Oxford UP, 1971.

Prial, Dunstan. *The Producer: John Hammond and the Soul of American Music*. New York: Farrar, Straus and Giroux, 2006.

Raboteau, Albert. *Slave Religion*. Oxford: Oxford UP, 2004.

Ratcliffe, Philip. *Mississippi John Hurt: His Life, His Times, His Blues*. Jackson: University of Mississippi Press, 2012.

Rogavia, Andria. "The Greatness of Lightning Hopkins" [online video compilation].

Slade, Paul. *Black Swan Blues: The Hard Rise and Brutal Fall of America's First Black-owned Record Label*. Planetslade.com, 2021.

Stewart, Jeffrey C. *The New Negro: The Life of Alain Locke*. Oxford: Oxford UP, 2018.

Tracy, Steven C. *Langston Hughes and the Blues*. Chicago: University of Illinois Press, 2001.

Chansons

Hunter, Alberta, and Love Austin. "Downhearted Blues." Paramount, 1922.

Hurt, John Smith. "Pay Day." Vanguard, 1966

Hopkins, Sam. "Got Nowhere to Lay My Head." In *My Life in the Blues*, Prestige Records, LP 7370, 1964.

---. "Jail House Blues." Gold Star 662/Sittin' In With 644, 1949.

---. *My Life in the Blues*, Prestige Records. LP 7370, 1964.

---. "Shinin' Moon." Gold Star 613/Modern 20-543, 1947.

---. "That Mean Old Twister." Aladdin 167, 1946.

---. "Tim Moore's Farm." Gold Star 640/Modern 20-673, 1949.

---. "T Model Blues." Gold Star 662/Sittin' In With 644, 1949.

Jackson, Jim. "Jim Jackson's Kansas City Blues, Part 3." Vocalion, 1928.

James, Nehemiah "Skip." "22-20 Blues." Paramount Records, 1931.

---. "Devil Got My Woman." Paramount, 1931.

---. "Hard Time Killing Floor Blues." Paramount, 1931.

Johnson, Robert. "32-20 Blues." Vocalion, 1936.

---. "Come On In My Kitchen." Vocalion, July, 1937.

---. "Hellhound on My Trail." Vocalion, 1937.

---. "Love in Vain." Vocalion, 1936.

---. "Me and the Devil Blues." Vocalion, 1938.

---. "Phonograph Blues." Vocalion, 1936.

---. "When You Got a Good Friend." Vocalion, 1936.

---. "Walkin' Blues." Vocalion, 1936.

Johnson, Tommy. "Big Road Blues." Victor Records, 1928, V21279.

---. "Maggie Campbell Blues." Victor Records, 1928, V21409.

---. "Canned Heat Blues." Victor Records, 1928, V38535.

McLennan, Tommy. "Deep Blue Sea Blues." Bluebird Records, 1941.

McKinley Morgenfield, "Rolling Stone." Chess Records, 1950.

Petway, Robert. "Catfish Blues." Bluebird Records, 1941.

Smith, Bessie. "Backwater Blues." Columbia 14159D, Feb. 17, 1927.

---. "I Used to Be Your Sweet Mama." Columbia 14292D, Feb. 9, 1928.

Williams, D., Small, and T. Brymn. "Need a Little Sugar in My Bowl." Issued with Columbia, 1931.

Darrell Arnold

à propos de l'auteur

Darrell Arnold

Darrell Arnold est philosophe et musicien. Pendant son travail de thèse de philosophie en Allemagne à la fin des années 1990 et au début des années 2000, il a enregistré quatre CD et est parti régulièrement en tournée avec ses groupes en Europe. Les moments phares de sa carrière musicale consistent essentiellement dans deux tournées : l'une en tant que groupe d'ouverture pour les Yardbirds, et la seconde lors de concerts sur des festival avec Eric Burden and the New Animals, Alvin Lee et Canned Heat. Son enregistrement le plus récent, avant le disque accompagnant ce livre, est *Un monde qui change*, produit par Jack Shawde.

Les travaux universitaires de Darrell se concentrent sur les théories socio-politique. Il a traduit la philosophie de l'allemand chez Cambridge University Press et Columbia University Press et a édité des volumes axés sur la théorie sociale avec Routledge et Palgrave MacMillan.

à propos des contributeurs du projet

Irena Gapkovski

Irena est une artiste peintre qui s'inspire de la vie et de les expériences. « Je suis une artiste plasticienne macédonienne donc l'influence byzantine s'exprime de façon prononcée dans mon travail. Mes représentations sont généralement de style plutôt surréaliste et je me concentre sur la figure humaine de manière symbolique. En utilisant l'esthétique de l'art macédonien ancien pour exprimer la spiritualité des sujets, je fais le lien entre les réalités abstraites et figuratives— en les combinant de manière authentique avec une approche intellectuelle pour créer une histoire visuelle unique. »

Avant de fonder de NGO Art Studio à Skopje, en Macédoine, en 1998, Irena a été graphiste pour le journal Elena et pour le magazine Nova Makedonija, elle a reçu un prix national pour la meilleure illustration artistique et a obtenu une maîtrise en arts graphiques de l'Académie des beaux-arts de l'Université St. Kyril Methodiy de Skopje. Outre son atelier à Skopje, elle a travaillé à Miami pendant dix ans jusqu'en 2018, date à laquelle elle a déménagé à Perpignan, en France. Elle joue de l'harmonica Hohner Blues.

Jack Shawde

Jack Shawde est un guitariste, multi-instrumentiste et producteur basé à Nashville. Tout au long de sa carrière, Jack a joué, enregistré ou tourné avec des légendes telles que Bob Dylan, Dr. John, Paul Butterfield, Richie Havens, Stan Lynch (Tom Petty), Al Cooper (Blood Sweat & Tears), Bo Diddley, John Mayall, Chuck Berry et bien d'autres. Jack a joué et enregistré partout dans le monde, notamment en accompagnant Julio Iglesias aux Latin Grammy Awards, qui ont été retransmis en direct à la télévision devant un public mondial de 10 millions de personnes. Il a produit et joué sur l'album de Darrell, *Un monde qui change*, ainsi que *Portraits du Blues.*

Don Sarley

Portraits du Blues n'aurait pas été écrit sans l'inspiration de Don Sarley. Lorsque Darrell a approché Don pour envisager de travailler avec lui pour sortir son album de Blues, Don a suggéré de publier l'album avec le livre. Don est partenaire de Y&T Records, aux côtés de Rich Ulloa et Jim Wurster, et a créé Arco Records en tant que filiale d'un label de Blues. Il a joué un rôle déterminant dans la commercialisation de ce livre et de cet album.

Rose Gargiulo d'Imagine Media Concepts

Imagine Media Concepts (IMC) est un studio de design destiné aux artistes, écrivains et professionnels aux États-Unis et à l'étranger. IMC est détenu et exploité par Rose Gargiulo, une conceptrice multimédia du sud de la Floride, également guitariste et productrice de musique. Rose joue régulièrement de la musique avec Darrell à Miami. Elle a réalisé la mise en page: de ce livre, de la couverture du livre, et de l'album CD.

Traduction en Français de Céline Marcadon

Céline est née dans une petite ville près de la Bourgogne. Elle est diplômée d'un lycée français, puis d'un lycée américain à Milwaukee, dans le Wisconsin. Elle étudie la littérature à Paris et devient enseignante à Toulon et à Brest.

Installée à Perpignan, Céline travaille comme journaliste et organisatrice d'événements artistiques. Elle se passionne pour l'art, édite un dictionnaire d'artistes, dirige des galeries d'art et s'investit dans le marché des antiquités. Elle est aujourd'hui agent d'artistes, et directrice de la galerie d'art Concordia et de l'association Concordia Art.

Copie edité par Sally Howe

Née à New York, Sally a passé son enfance en Iran, en Yougoslavie et en France en raison du travail de son père à l'ONU et à l'UNESCO. Elle est titulaire d'une maîtrise en littérature française de l'université Columbia, à New York. Après une carrière d'enseignante de français, elle profite désormais de sa retraite.

Colophon

Le texte, les titres, et les légendes de *Portraits of the Blues* sont en police Georgia. Cette police à empattements a été créée en 1993 par Matthew Carter et suggérée par Thomas Rickner pour Microsoft. Elle devait être élégante et lisible en petite taille ou sur des écrans basse résolution. Inspirée des motifs écossais romains du XIXe siècle, elle s'inspire des designs d'une police d'impression sur laquelle Carter travaillait lorsqu'il a été contacté par Microsoft ; elle serait publiée sous le nom de Miller l'année suivante. Le nom de la police faisait référence à un titre de tabloïd: *Têtes d'extraterrestres découvertes en Géorgie*

Téléchargement MP3 ou Écouter avec Music Unlimited, veuillez scanner le code QR ici :

www.ingramcontent.com/pod-product-compliance
Lightning Source LLC
LaVergne TN
LVHW052346100826
845147LV00012B/762

* 9 7 8 1 9 5 6 0 5 5 4 0 5 *